一開口就讓人驚豔

關鍵句，一句就夠了！

韋甜甜——著

目錄
Contents

一開口就讓人驚豔

關鍵句，一句就夠了！

第三章　雷人的話，說出就慘了

第四章　暗示的話，用心就懂了

目錄
Contents

一開口就讓人驚豔

關鍵句，一句就夠了！

第七章 溝通的話，到位就讚了

第八章 情人的話，傾聽就對了

目錄
Contents

第九章　孩子的話，嘮叨就完了

前言
一句話改變世界！關鍵句，一句就夠了

說話是一門藝術，無論是在生活還是工作中，我們都要注意自己的說話內容、說話方式。不懂得管制自己的嘴巴、整理言談的內容，信口胡來、口無遮攔，自以爲很有口才，只會讓別人對你敬而遠之。

個人涵養和說話水準緊密相聯，自身素質高，說話水準也會見長；同樣的道理，如果你話說得漂亮，那麼良好的個人修養也由此可見一斑。

「說理切、擇辭精、喻世明」——我們不能確保每一句話都說得很深刻，但至少應該讓每一句話都說得妥當。

捨棄長篇大論的廢話，說話時講重點，關鍵句，一句就夠了！

2

從某種意義上說，說話高手一定是個做人高手，一個人如果不改變視說話為「奇淫技巧」的態度，那麼就無法提高自己做人做事的層次。我們一定要注意加強自己的語言修養，以提高個人的整體素質。在說話時，多使用敬語；多說有用、謙虛的話，切忌高談吹噓、大話連篇。

比如，你一拍馬屁所有人都坐立不安，那不如不拍。

比如，你自以為幽默地說了個冷笑話，卻不知道所有人都在勉強乾笑，那有多尷尬。

比如，你自以爲懂得別人的委屈，卻不知道天下根本沒有感同身受這回事，不如做個好聽眾，靜靜地傾聽。

……

簡潔能使人愉快，使人歡喜，使人易於接受，所以，我們「在開口之前，應先讓舌頭在嘴裡轉三個圈」。把多餘的廢話「轉掉」。

3

除了口頭表達外，書面表達、職場溝通也很重要，很多管理者普遍面臨著這樣一個問題：面對自己的團隊，總無法指揮、協調好每一位下屬的工作。

比如管理者絕大多數都患有會議依賴症，冗長又沒有重點的會議只會浪費寶貴的時間，毫無意義。

比如你的郵件堆積如山，整天忙著和同事插科打諢，對上司品頭論足，對工作抱怨吐槽，同時還要照顧社交群組，給這個點讚給那個評論……你每天所做的事情，究竟有多大的意義？

在家庭中，夫妻、親子間的表達也是構建和諧家庭關係的要素。一個聰明女人，一定要停止對男人的抱怨和嘮叨；作爲聰明媽媽，更應該停止喋喋不休，把注意力放在更重要的事上。

有人說：「眼睛可以容納一個美麗的世界，嘴巴則能描繪出一個精彩的世界。」

會表達的人，懂得用最準確、最簡單的詞彙表達自己的想法；用最委婉的言辭軟化對方強硬的態度。他們的語言有逆轉風雲的力量，有感化人心的魅力。

第一章

動人的話，一句就夠了

古人云：「山不在高，有仙則名；水不在深，有龍則靈。」
說話也是如此，話不在多，點到就行！

1

我有老婆了

有位名人說過這樣一句話：「人的心靈是世界上最複雜的東西，而語言是唯一可以征服世人心靈的力量。」這句話看似誇張，實則不然。語言的確有震懾人心的力量，甚至有改變人心的力量。

一個男子因為宿醉，早上醒來頭痛得厲害，想起昨晚自己喝醉了酒。

不過，他感覺今天有些異常，妻子並沒有對自己喝醉酒的事發牢騷，桌上還放了一杯蜂蜜水，旁邊有一張紙條，上面寫著：「親愛的，廚房裡有為你準備好的早點，沙發上有你今天要穿的衣服。記得喝蜂蜜水！愛你的老婆。」

男子有點摸不著頭腦，便問孩子是怎麼回事。孩子答道：「我也不太清楚，你昨天喝得醉醺醺的，媽媽邊罵邊給你脫衣服，但是在給你脫鞋的時候，你喊了句『走開，我有老婆了』，媽媽突然就不罵了。」

男子這才明白，原來是自己的那句話起到了關鍵的作用。在自己堅守「大原則」的前提下，喝醉酒這種行為就變成了一個「小過」，使妻子很快原諒自己。

他很慶幸自己在下意識中說了那句真心話，不僅化解一場紛爭，還讓妻子明白他對她的忠心和愛意。

很多時候，我們可能處於很糟糕的狀態，但往往因爲一句話，就能讓我們的處境來個一百八十度的轉彎，狀況變得完全不同。

語言能震撼人心，還有消泯仇恨的能力。人與人之間的摩擦、矛盾、仇恨，有時透過一兩句話就能化解。正所謂「冰釋前嫌」，只需隻言片語，便能讓仇恨的大山轟然倒塌。

這個故事是第二次世界大戰中的一個小插曲，發生在一九四四年的平安夜。

一個母親和她的孩子正準備吃晚餐，突然門外傳來一陣急促的敲門聲。母親打開門，見外面有五個英國軍人，其中一個受傷了，躺在擔架上。母親讓他們趕緊進來，並將傷患安置好。

不一會兒，門外又傳來一陣急促的敲門聲，母親開門一看，竟是幾個年輕的德國軍人。母親猶豫了一會兒，還是讓他們進了屋。

接著，母親對英國軍人和德國軍人說道：「今晚你們都是我的兒子，請放下武器，把戰爭那回事都忘掉，讓我們安靜地度過這一夜！」

德國軍人和英國軍人思索良久，終於放下了武器。母親這才放下心，到廚房去端烤雞。

出來時，母親看到了令她欣慰的一幕：德國軍人正為英國軍人清洗傷口。這一夜，他們誰也沒有提起戰爭，也沒有發生任何爭執，平安地過了一個耶誕節。

這位母親能夠用一句話就讓對陣的士兵將仇恨暫時放下，除了因其內心的善良、包容以及偉大之外，還因其語言的震懾力。那句化腐朽爲神奇的話，不僅使她自己和孩子免於性命之危；更使德國軍人和英國軍人享受了一個和平美好的夜晚。

2 計程車司機的三個原則

語言是思維的載體，人的一言一語，能展示其內心所想、文化水準乃至價值觀念。除此之外，一個人的專業技能如何，也能在言談之間表露出來。

某大型企業的老總為自己招聘私人司機，很多人前來面試。經過層層的考驗，只有兩名司機被留了下來。最後一輪的面試題很簡單，就是讓兩人各自敘述對司機這個職位的看法。

第一個司機說：「我開車，您大可放心，我一定會把車收拾得裡外都乾乾淨淨，會遵守交通規則，保證老板的安全，另外還會儘量做到省油……」

老總聽一半就打斷了他，叫第二個司機進來。

第二個司機想了一會兒，開口說：「我開車只有三個原則——第一，聽得，說不得；第二，吃得，喝不得；第三，開得，使不得。」

老總一聽，立刻決定聘用第二位司機。

第二位司機的回答雖然很簡單，卻表現了高度的專業性，所以得到這位老總的欣賞。可見，一個人的談吐足以體現其知識水準、涵養和專業技能等的高低。

由此也可以說，語言就是表達一個人綜合素質的一種方式，通過聽某人說話，就能大概推測出這個人的素養有多高。

無論是在生活還是工作中，我們都要注意自己的說話內容、說話方式。個人涵養和說話水準緊密相連，當你的自身素質提高時，說話水準也會見長；同樣的道理，如果你話說得漂亮，那麼你良好的個人修養也由此可見一斑。

3 讓對方留下好印象

一般人在碰到陌生人時，起初大都會感到不自然，不知道如何交談。這時候，如果能找到一些話題來打破僵局，緩和氣氛，就能使交談雙方輕鬆自如，從而進入融洽的談話氣氛中。

掌握不了說話的技巧，就無法在社交場合與人交談自如。學會說讓別人愛聽的話是至關重要的，因此，以對方作爲談話的開端，往往能令他人產生好感。

讚美陌生人一句「你的衣服顏色搭配得真好」、「你的髮型很新潮」、「您看的那本書正是我最喜歡的。」也許就能打破尷尬的僵局，讓對方留下好印象。

大雄生性靦腆木訥，所以儘管他工作認真，可在公司裡總是升不了官。

有一次，老闆請客戶吃飯，帶大雄一起去，他們提前到了餐廳。在等候的空檔，只見兩人陷入了沉默，大眼瞪小眼的氣氛簡直讓人窒息。

突然，大雄瞥見老闆腳上穿著一雙嶄新的皮鞋，於是客套地說：「老闆，你這雙鞋子很有品味，在哪裡買的啊？」

原本只是沒話找話，但老闆一聽，頓時眼睛放光。

「這雙鞋是我在香港買的，名牌呢！」

老闆的話匣子一下子打開來，開始滔滔不絕地講述起他的心得，兩人相談甚歡。

事後，老闆意味深長地說：「大雄，看來以前我對你的瞭解太少了，今後你要好好幹。」

口才常常被視爲衡量人才的客觀尺度。要提升、任命一個人，首先考察的就是其口才。由此可見，口才堪稱生存和競爭的一大利器。

4 我和你持有相同意見

誠實是把真正的想法說出來。我們沒必要爲了迎合對方，而刻意地隱瞞自己真實的想法。可以用委婉的態度和語氣，先表示對方的意見沒有錯；一般人在聽見別人對自己的意見表示認同時，都會放下防備心，認爲你是持有相同意見的同伴，這時候再說出你真正的想法，就更容易被接納。

《淮南子・人間訓》中，記載了這樣一段故事：

魯哀公想在宮殿西側進行擴建，史官強烈地反對，說：「在西側擴建宮殿是一件極不吉利的事。」

哀公十分生氣，不聽任何勸言。他問宰折睢說：「我打算擴建宮殿，史官們卻說不吉利，你的看法如何？」

宰折睢回說：「天下之大，只有三件不祥之事，宮殿西側的擴建工程與這無關。」

哀公大喜，接著問道：「三件不祥之事指的是什麼？」

宰折睢說：「不行禮儀，這是第一個不祥；奢欲無限，這是第二個不祥；強諫仍不聽，這是第三個不祥。」

哀公默然沉思了好一會兒，心平氣和地自我反省一番之後，認為做法欠妥，於是下令停止擴建工程。

宰折睢可謂深明進諫之道，他不直接談擴建工程之事，而是談天下之三大不祥事，而這三大不祥事每一件都與哀公擴建工程相關。宰折睢心平氣和地說，哀公心情舒坦地聽，達到的效果比強迫哀公改變主意的做法更強上十倍、百倍。

對於自以爲是、自認多能的人，不可貿然潑冷水，讓他產生挫折感；對於剛愎自用的人，千萬不可當眾挑其毛病，讓他惱羞成怒；對於自以爲足智多謀的人，則不可揭他的短處，讓他難堪。

說服人要心平氣和、不能感情用事，既要使對方願意採納你的意見，又不給周圍的人留下是由於自己的極力說服才勉強被採納的印象。這樣，能先使對方不致對自己產生排斥感，言辭也不致被對方誤會，然後再盡情發揮自己的才能與辯說能力。

如此，不僅可使對方心平氣和地接納自己的意見，自己也可以達到真正的目的。

5 這是「我們」的事

說話時，常用「我」開頭表達自己觀點的人，敵人只會愈來愈多；而常用「我們」的人，敵人也會變成朋友。

從心理學角度來說，「我們」、「大家」這類具有共同意識的字眼，容易讓對方產生錯覺，搞不清你的立場爲何，總以爲你和他是一方的；這時候，對方要攻擊你時，就會投鼠忌器或無法全力以赴，而這正是你想要的結果。

這種情形下，對方的反擊最沒有殺傷力，而且他的心防也很容易被你一攻而破，接著，你再用「攻心」策略，趁他撤掉心防時，直搗黃龍，相信會有所收穫。

自古就有許多政治人物或領導者利用這種策略來籠絡人心、化敵爲友，當他舉起手中的刀槍或拳頭時，成千上萬的聽眾也會同樣地舉起拳頭高喊他的名字。

二次世界大戰時，德國的希特勒、義大利的墨索里尼這些人物，在臺上一呼百應，就是運用這種策略，煽動起群眾熱情的火焰。

爲什麼他們能夠靠著演說，將聽眾緊密地聯繫在一起呢？秘訣就在於其所運用的語言策略和肢體語言讓廣大的群眾認同他，並產生共同意識。

演說中，他們總會一直使用「我們」、「我們大家」等字眼來籠絡人心，使聽眾產生「命運共同體」的感覺。這樣的演說策略，會使許多人認爲這是攸關大眾利害的事情，並非只是爲了個人的利益。

在人際交往中，「我」字講得太多並過分強調，會給人突出自我、標榜自我的印象，這會在對方與你之間築起一道防線，形成障礙，影響別人對你的認同。因此，關注攻心的人，在語言交流中，總會避開「我」字，而用「我們」開頭。

每個人的內心或多或少都存有潛在的「自我意識」，誰也不願意被別人左右。如果他認爲你是在說服他，那麼他的反抗意識就會更加激烈，而不願意接受你的看法，即使你說得天花亂墜、頭頭是道，在他眼中也不過是爲謀取私利而進行的僞裝表演。

竭力忘記你自己，不要總是談你個人的事，儘量去引導別人說他自己的事，這是使對方高興最好的方法。以充滿同情和熱誠的心去聽他敘述，你一定會給對方最佳的印象。

6 加個「請」字不吃虧

俗話說：「會說話的人說得人笑，不會說話的人說得人跳。」人人都喜歡被人尊重，在社交場上，雙方交流的時候，不妨用請教的態度和人說話，這無疑會增加對方對你的好感。這在對方來說，有一種優越感和被尊重感，即使是對你有敵意的人，只要你用請教的姿態，他也會放下敵對情緒來幫助你。

如果你要說的是：「你告訴我這到底怎麼處理好？」「幫我一個忙吧！」試著改成：「你可以幫我一個忙嗎？」「想請教你一個問題可以嗎？」先把自己放在一個較低的位置，然後向對方請教的時候，還有一個特別的好處，就是能勾起對方的好奇心，他會想知道「這究竟是個什麼問題呢」，反應就會不同。

無論你面對的是怎樣的人，你這樣一請教，無意中便會激發起他的自信心和滿足感，每個人都有想要表現自己的欲望，你正好滿足了他這樣的一個願望，因此，在你請教的同時，不但不會使他感到麻煩，更能博取他的歡心。

當然，社交場所如此，家庭也是如此，一個智慧的人，既能在社交中深得別人的敬重，也能很好地維持一個幸福家庭。你只要在這些方面下點功夫，便可以自如地遊走在社會和家庭之間。

7 開口前，舌頭轉三個圈

我們經常看到有的人喋喋不休、滔滔不絕地高談闊論，卻詞不達意，語無倫次，讓人聽而生厭；還有的人喜歡誇大其詞，侃侃而談，說話不留餘地，沒有分寸。

言多必失，我們不妨「在開口之前，先讓舌頭在嘴裡轉三個圈」。把多餘的廢話「轉掉」，開口就說重點，千萬不要東拉西扯，不知所云。

子禽問自己的老師墨子：「老師，一個人說多了話有沒有好處？」

墨子回說：「話說多了有什麼好處呢？比如池塘裡的青蛙整天整天地叫，弄得口乾舌燥，卻從來沒有人注意牠。但是雄雞只在天亮時叫兩三聲，大家聽到雞啼知道天就要亮了，所以話要說在有用的地方。」

墨子的話和古語「言不在多，達意則靈」一樣，都是講話要少而精的道理。我們要追求的是用最凝練的話語來表達盡可能豐富的意思。

有人新開一家酒店，為了招攬顧客，特備厚禮請幾個秀才為他寫一塊招牌。

甲秀才大筆一揮，寫下了「此處有好酒出售」七個大字。

眾秀才議論紛紛，乙秀才說：「『此處』二字太囉嗦。」

丙秀才說：「『有』字也屬多餘。」

丁秀才認為酒好酒壞顧客自有評價，「好」字應當刪去。

這時，甲秀才帶著幾分怒氣地說：「如此說來還是乾脆只留個『酒』字算了。」

沒想到，眾秀才頻頻點頭讚許，大家也欣然接受。

其實說話也如此，有時需要簡練，惜言如金；有時需要詳述，用語如潑。說話是否精彩不在於長短，而在於是否抓住了關鍵，是否說到重點上，是否能打動聽眾。

聽眾最喜歡的是有啥說啥，直來直去，對於那些空話套話，他們不但不願聽，甚至覺得是受精神折磨，是浪費時間。

有一回，鳳姐讓小丫頭小紅給平兒傳話。

小紅從平兒處回來時，她把四五件事濃縮在一小段話中回稟鳳姐：

「我們奶奶問這裡奶奶好。我們二爺沒在家。雖然遲了兩天，只管請奶奶放心。等五奶奶好些，我們奶奶還會讓五奶奶來瞧奶奶呢。五奶奶前兒打發了人來說舅奶奶帶了信來了，問奶奶好……」

局外人李紈聽了自然不懂，問是什麼意思。鳳姐卻讚賞道：「這是四五門子的話呢。」她表揚小紅能把「四五門子的話」用幾句話表達出來，於是當即決定把小紅要到自己這裡。

簡潔明瞭的清晰表述，會使你事半功倍。鳳姐讚賞小紅說話簡潔、明確的同時，也指出了話語冗繁往往意味著辦事拖泥帶水。人們交流思想、陳述觀點的時候，爲了能夠使對方更快地瞭解自己的說話意圖，領會要領，往往是用高度凝練的語言。

那我們應該怎樣才能夠做到言簡意賅呢？要做到以下幾點：

第一，**培養自己分析問題的能力**。學會透過事物的表面現象把握事物的本質特徵，並善於綜合概括。在這個基礎上形成的交流語言，才能準確、精闢，有力度，有魅力。

第二，**盡可能多掌握一些詞彙**。福樓拜曾告誡人們：「任何事物都只有一個名詞來稱呼，只有一個動詞標誌它的動作，只有一個形容詞來形容它。如果講話者詞彙貧乏，說話時即使搜腸刮肚，也絕不會有精彩的談吐。」

第三，**「刪繁就簡」也是培養說話簡潔明快的一種有效方法**。說話要簡練，最好把複雜的話能夠簡單地說出來，這樣才會明白易懂，使大家都愛聽。

8 時機對，點到就行

掌握說話的時機，是每個人必修的一門課程，因爲如果你說的不是時候，即便你的話再好，再動聽，不僅起不到好的作用，相反，還會帶來反面的效果，那麼就是賠了夫人又折兵，實在很不划算。因此，要學會根據對方的性格、心理、身分以及當時的氛圍等條件，考慮自己說話的內容。

我們經常能看到這樣一幕：一個人在那裡口若懸河地講，可是對方卻是眉頭緊蹙，根本就對這個人說的話題不感興趣，即便對方一直在誇獎他，最後，無奈之下，便會找個藉口偷偷地溜掉。

這就是時機問題了，不管一個人說話的內容有多麼精彩，如果時機掌握不好，就無法達到有效說話的目的。作爲聽者，他的內心往往會隨著時間的變化而變化，他們並不是在所有的時候都喜歡聽同一個話題，或者有時候，他需要其他的話題，甚至需要沉默來調配自己的生活，這樣才能有聲有色。

下面這則寓言故事就是一個很好的例子：

有一頭驢，平常都吃著主人給牠拿的青草，時間久了，慢慢地變得不喜歡吃了。

有次無意中，主人在草料中加了一把鹽，草料立刻就變得有滋有味，驢就問主人在裡面加的是什麼，主人說是鹽，於是驢宣布從此以後不吃草料了，每天要光吃鹽！

一個人的一生不能只聽一個話題過日子，也不可能都是一個心情，永遠保持不變。如果你要讓對方變得願意聽你的講話內容，或者接受你的觀點，就得學會選擇適當的時機，說合適的話。

猶如一個參賽的棒球運動員一樣，即便他有良好的技術、強健的體魄，但是如果沒有把握住擊球的那個決定性瞬間，偏早或偏遲，揮棒落空，比賽也就輸了。

因此，時機對一個想讓自己變得優秀的人來說是非常寶貴的。但何時才是這「決定性的瞬間」，怎樣才能判明並及時抓住時機，沒有一定的規則，主要根據談話時的具體情況而定。

中國是個講究中庸的國家，凡事都喜歡恰到好處，過與不及都不是完美的表現；與人交往是如此，說話更是如此。

對話是雙方進行交流的基礎，雙方有對話才有交流，有交流才能產生情感。一次成功的交談就像一場大家配合默契的接力賽，每個人都是這個集體接力的一員，既要接好棒，也要交好棒，誰都不能懈怠。

棒在自己手上時，要盡心盡力跑好，棒在他人手上時，不妨爲之加油、爲之喝彩。這個接力棒就相當於說話時的話題，如果把交談變成一個人的獨白，儘管你講得眉飛色舞、口乾舌燥，也沒有人爲你鼓掌喝彩，因此，交流時要善於選擇雙方都感興趣的話題，對方比較容易接受。

另外，交談雙方由於閱歷不同，對事物的認識也就不盡一致，觀點產生分歧、碰撞、交鋒在所難免。因此，在這種時候，就得做出相應的調整。

比如說一個閱歷不高，對事物認識淺顯的人，對他說好話就必須降到他那個相應的水準，不能說太高深的話，否則對方就會認爲你是在拿他尋開心；相反，如果是一個高閱歷，對事物有著自己獨特認知的人，就必須進行「高層次」的對話，這樣才能給對方留下一個比較深刻的印象。

但是這一切的前提都需選擇一個適當的時機，不能在對方心情不好，甚至是工作不順利的時候去說，否則就會適得其反。

最後要注意的是，在交談過程中，每個人都有表現欲，同時也有被讚賞的內在心理需求，因此交談的時候，一定要滿足對方的這種欲望，不能一味地跟對方說好話，適當地留一點空間給對方慢慢地品味你的好話。就像吃一道美味佳餚一樣，必須要留足夠的時間來細品，不能像口渴喝白開水一樣驢飲。

如果你只熱衷於表現自己，而忽視他人的表現，對自己的一切津津樂道，對他人的一切不屑一顧，勢必造成自吹自擂、自我陶醉的不良印象，最終好話也就變成空話了。

第二章

說服的話，情真就成了

「説理切、擇辭精、喻世明」

——我們不能確保每一句話都說得很妥當，

但至少從第一句話開始就特別小心，以靠譜的語氣來使對方放心。

1 奇妙的「門檻效應」

我們知道，一開口就向別人提不太容易做到的要求，別人往往難以接受；如果先提簡單的要求，然後逐步提出更高一點的要求，不斷縮小差距，別人通常比較容易接受。

每個人都有「保持自己形象良好」的心理，都希望給別人留下大方的印象，因此在接受別人的第一個小要求後，再面對第二個要求時，通常不會拒絕，因爲人們往往會想：反正都已經幫了，何不幫人幫到底呢？於是「門檻效應」就發生作用了，反正一隻腳都進去了，又何必怕整個身子都進去呢？

有個乞丐被大雨淋濕了，無奈之際，便去敲約翰太太家的大門。

約翰太太打開門見是個乞丐，第一反應就是關上門，乞丐及時說道：「太太，我不想要飯，只想進去避一下雨。」

約翰太太無法拒絕這麼簡單的要求，否則顯得太沒同情心了，於是讓乞丐進了家門，又給他搬了把椅子，讓他坐下休息。

一會兒，乞丐禮貌地對約翰太太說：「尊敬的太太，請你給我燒點炭火，我好把衣服烤乾。」

約翰太太心想，既然已經讓他進了家門，這麼簡單的要求也不好拒絕，於是滿足了乞丐的要求。

衣服烤乾後，乞丐從身上摸出兩塊石頭，再次禮貌地說：「尊敬的太太，我想借你的鍋煮點『石頭湯』喝。」

約翰太太沒辦法拒絕乞丐的要求，而且她頭一次聽說「石頭湯」，帶著好奇，於是把鍋借給了乞丐。

水燒開後，乞丐又向約翰太太借了點鹽，嘗了嘗，又問能不能加點胡椒粉，最後，乞丐請求約翰太太給這鍋湯裡加點「微不足道」的肉末。

這樣，一鍋美味的肉湯便煮好了。

「設計」不是空想，就像建造房子時，要有步驟地打好地基、添磚加瓦一樣，想要成功也需要按部就班地進行；結合現實條件，確定細微的行動路線，讓自己明確每個階段該做什麼，這樣才能逐漸實現大目標中的那些小目標。

2 飢餓行銷達到推廣目的

人似乎都有一種奇怪的心理：越是看不到的東西，就越想知道；越是若隱若現的東西，就越想看清楚。這就是「飢餓行銷」。如果我們能巧妙利用這種心理，就可以達到不錯的宣傳效果。

例如馬鈴薯在法國的推廣就是巧妙地利用了這種心理。

巴蒙蒂埃是法國著名的農學家，他在德國做俘虜時，曾吃過馬鈴薯，被釋後，他帶著馬鈴薯回到法國，但是他無法說服人們栽種馬鈴薯，導致馬鈴薯在法國有很長一段時間得不到發展。

為什麼會這樣呢？因為牧師把馬鈴薯稱之為「魔鬼的蘋果」，醫生認為馬鈴薯有害於身體健康，農學家則認為馬鈴薯會使土壤枯竭。

於是巴蒙蒂埃決定採取一個計策。

一七八七年，巴蒙蒂埃把自己的想法告訴國王，讓國王批准他在一塊以貧瘠著稱的土地上種植馬鈴薯，同時要求國王派遣全副武裝的士兵白天在田野裡守衛，但到晚上一定要撤兵。

人們發現了這個奇怪的現象，心想：那塊土地上到底種了什麼東西，為何國王要派重兵把守呢？

這種強烈的好奇心促使人們有所行動：人們開始在晚上偷偷地把馬鈴薯挖去，種到自己的菜園裡，而這正是巴蒙蒂埃所希望達到的效果。

這個故事給我們很大的啓發，那就是巧妙地運用飢餓行銷的策略可以達到良好的傳播效果。爲了打開產品銷路，很多企業會到各大媒體打廣告、搞宣傳，爲的就是提高產品知名度；然而有些企業卻反其道而行，刻意隱藏資訊，給人留下神秘的印象，從而吸引人們，特別是媒體的關注。待人們努力探查瞭解後，才發現原來並沒有什麼特別，但這時人們已經對該企業、該產品印象深刻了。

加娜廟是印度的一座古廟，周圍環繞著紅牆，綠樹成蔭，廟門寬敞。但廟裡的空間不大，行人從寬大的廟門前經過，就能將廟裡的景致一覽無餘。因此沒有多少遊人進去觀光，日子一久，寺廟只好關門大吉。

出人意料的是，自從加娜廟的大門關閉之後，卻出現了一種奇怪的現象：遊人走到這裡，經常會在廟門前停留，從縫隙往裡看。每天窺探的人比往日大門敞開時進去觀光的人多了許多，甚至工作人員也被影響，也趴在門縫邊往裡看，想知道裡面到底發生了什麼事。

其實廟裡一切如常，什麼事也沒發生，能看到的只是一塊紅牆、一角磚地，一棵老樹，其他的東西則被大門遮住了，無法看到。

當地的和尚對這種現象感到好奇，便統計了每天往裡窺探的人數。這一數不要緊，大家被巨大的數目嚇了一跳，窺探的人一個挨著一個，竟比之前開門時多了幾十倍。

在這種情況下，加娜廟終於向遊客開放了，不過這次開放與以前不同，和尚們把一道影壁立在大門的裡面，阻擋人們的視線。人們總想一探究竟，所以踴躍購票。

和尚們又故意鎖上幾間房門，留些小縫供人們窺探，房裡同樣放了屏障，讓人窺探起來很費勁。不過仔細一看，也只能看到一張老床，一個老櫃子，一雙舊鞋，再向裡看，還能看到一個小泥菩薩，但人們卻樂此不疲。

後來加娜廟裡來了一個奇怪的和尚，這個和尚沒什麼知識，也沒什麼特長，但說話總是故意留半句不說，不把事情說完整，前來討教的人反而說這和尚學識高深莫測，非常靈驗，將其奉為神明，前來燒香拜佛的人與日俱增。

人們對加娜廟與這位和尚有濃厚的興趣，顯然是因爲「飢餓行銷」在發生作用，正如那句話所說，「越想推廣傳播，越要閉口不說」，留一點窺探的小縫，給人一個巨大的想像空間，欲語還休的效果吊足聽眾的胃口。

3 請將不如激將

對有些人，只要動之以情，曉之以理，以誠相待，就能打動他；但在同樣情況下，另外一些人可能「敬酒不吃吃罰酒」，你磨破嘴皮，他就是不答應你的請求，此刻如果你改變策略，突然給他一個強烈的刺激，用超常的手段去激勵他，說不定「柳暗花明又一村」。

張儀因久不得志，窮困潦倒，一日到蘇秦府上拜見蘇秦。好幾天後，蘇秦才出來見他，並讓他坐在家僕們坐的堂下，僅賜給僕妾們吃的飯食，而且還幾次故意責備張儀，說他窮酸，不想和他打交道。張儀聽後氣憤不已，離開了蘇秦，前往秦國。

在張儀去秦國的途中，卻有一個素不相識的人與他結伴同行，送給他許多金錢。張儀到達秦國後，依靠陌生人資助的錢財得以拜見了秦惠王，並很快被秦惠王拜為客卿。

這時，那位同伴向張儀告辭要走了，張儀問其緣由，那人說：「我並不瞭解你，真正瞭解和關心你的是蘇君（即蘇秦）。他當時擔心秦國伐趙而使合縱抗秦的計畫破產，認為只有你才有能力去左右秦國的國策，所以用語言刺激你，使你來到秦國，而後又私下派我跟著並接近你，供你給用。現在你已被秦王聘用，我算是完成了任務，該回去告訴蘇君了。」

張儀聽後大為感慨。後來憑他的智慧和才能，說服秦王，使秦軍十五年未越函谷關一步，為蘇秦合縱之策贏得了很高的聲譽。

可見激將法只要使用地恰到好處，適時適度，效果是妙不可言的。

激將法的第一種方法是直接刺激。這種方法通過故意貶低對方，藉以激起對方求勝的欲望，也能使其超水準發揮自己的能力，從而達到我們的目的。

當馬超領兵攻打葭萌關時，諸葛亮告訴劉備，只有張飛、趙雲二人是馬超的對手。劉備建議讓張飛去迎戰。諸葛亮說：「主公先別說話，讓我去激激翼德。」

二人已在談話間，張飛主動請纓去迎戰馬超，諸葛亮卻假裝沒有聽見，只是對劉備說：「馬超智勇雙全，無人能敵，除非往荊州喚雲長來，方能對敵。」

張飛說：「軍師為何小瞧我？我曾經一人獨對曹操百萬大

軍，難道還畏懼馬超這個匹夫？」

諸葛亮笑著說：「你在當陽拒水斷橋，是因為曹操不知虛實，他若知道虛實，你豈能占到便宜？馬超英勇無比，他在渭橋之戰差點殺了曹操，我看就是雲長來了也未必能勝得了他。」

張飛說：「我現在就去取馬超項上人頭，如若不勝，甘當軍令。」

諸葛亮見激將法起了作用，便順水推舟地點頭答應了。張飛得令，與馬超在葭萌關下酣戰了二百多個回合，當時雖未決出勝負，卻使馬超產生敬畏之心，幾天後，率眾歸順了劉備。

激將法的第二種方式，是間接刺激。

曹操北定中原，舉兵南下時，劉備派諸葛亮去吳國拜見孫權，遊說吳國與蜀國兩家合力抗魏。諸葛亮深知，如果直接要求吳蜀聯兵，一定使孫權以為劉備有求於他，事情會不好辦。最好的方法是用激將法激他。

諸葛亮在柴桑見到孫權後，說：「我看曹操兵多勢眾，東吳彈丸之地不是對手，將軍何不向曹操投降稱臣，以求暫時的安寧？」

孫權聽了很不高興，反問諸葛亮，為什麼劉備不向曹操投降稱臣？

諸葛亮回答道：「古代的田橫僅僅是齊的壯士，尚能守義不辱，何況我主是帝王之後，蓋世英才，豈能屈居奸賊屋簷之下？」

諸葛亮這一招果然管用，孫權最終同意孫劉聯盟，共抗曹操，而諸葛亮也圓滿完成了出使江東的使命。

諸葛亮以張揚、稱讚他人他物的方式，間接貶低對方，以激發對方壓倒、超過第三者的決心，從而爲我所用。

4 青蛙法則，難以脫逃

有人做過一個實驗，將鍋裡盛滿涼水，然後放進去一隻青蛙。青蛙在水中歡快地游著，絲毫不覺環境的變化。這時把鍋慢慢加熱，青蛙對一點點變溫的水毫無感覺。慢慢地，溫水變成了熱水，青蛙感到危險，想要從水中跳出來，但為時已晚，因為牠已經快被煮熟了！

青蛙之所以快被煮熟也不跳出來，並不是因為青蛙本身的遲鈍，事實上，如果將一隻青蛙突然扔進熱水中，青蛙會馬上一躍而起，逃離危險。

青蛙對眼前的危險看得一清二楚，但對還沒到來的危機卻渾然不覺，這就是青蛙法則。經營中，懂得運用這個法則，就能成功操縱顧客，讓他在不知不覺中就掏出腰包。

當顧客選購衣服時，精明的售貨員總是不厭其煩地讓顧客反覆試穿。當顧客將衣服穿在身上時，又會不斷地稱讚，顧客頓時笑逐顏開，高興地買下衣服。

當然，顧客形形色色，實際銷售中並非總能如此順利，但只要把握住微笑服務，真誠與顧客溝通，揣摩顧客的心理，替顧客著想，就能打動顧客。

推銷時，售貨員話不用多，但要有分量，這樣才能操縱顧客的購買欲。售貨員若想把商品所有的優點都列舉出來，就會說很多畫蛇添足的廢話，反而會引起顧客的不信任，如果售貨員針對其中的一個或幾個優點說一些有分量的話，那麼會令人更信服。

對顧客的任何一種意見都不能置若罔聞，不僅要證實自己觀點的正確，還要打消對方的疑慮。如果對顧客的不同意見不作答覆，會讓人覺得售貨員對商品故意只做有傾向性的介紹。切不可把顧客的意見當作是其不想購買的藉口，相反，顧客的不同意見恰恰說明他對商品很關心，說明他有聽取你意見的欲望。

這樣的顧客比光聽不說話或者只用一句話來回答問題的顧客好說服得多，不同的意見能反映出顧客的立場，暴露出他的憂慮所在，此時，耐心地解答，剔除其疑慮，生意也就做成了。

另外，在具體的商業用語中，也要用溫情的話語吸引顧客。具體有以下幾個技巧：

● **避免命令式，多用請求式**

命令式的語句是說者單方面的意思，沒有徵求別人的意見，就強迫別人照著做；請求式的語句，則是以尊重對方的態度，請求別人去做。

請求式語句可分成三種說法：肯定句：「請您稍微等一等。」疑問句：「稍微等一下可以嗎？」否定疑問句：「馬上就好了，您不等一下嗎？」一般說來，疑問句比肯定句更能打動人心，尤其是否定疑問句，更能體現出營業員對顧客的尊重。

●少用否定句，多用肯定句

肯定句與否定句意義恰好相反，不能隨便亂用，但如果運用得巧妙，肯定句可以代替否定句，而且效果更好。例如，顧客問：「這款有其他顏色嗎？」營業員回答：「沒有。」這就是否定句。顧客聽了這話，可能就不買了。

如果營業員換個方式回答，顧客可能就會有不同的反應。比如營業員回答：「真抱歉，這款目前只有黑色的，不過，我覺得黑色與您氣質、身分相符，不妨試一試。」這種肯定的回答會使顧客對商品產生興趣。

●採用先貶後褒法

比較以下兩句話：

「價錢雖然稍微高了一點，但品質很好。」

「品質雖然很好，但價錢稍微高了一點。」

這兩句話除了順序顛倒以外，字數、措詞沒有絲毫的變化，卻讓人產生截然不同的感覺。先看第二句，它的重點放在「價錢高」上，因而，顧客可能會產生兩種感覺：

其一，這商品儘管品質很好，但也不值那麼多；

其二，這位營業員可能小看我，覺得我買不起這麼貴的東西。再分析第一句，它的重點放在「品質好」上，所以顧客就會覺得，正因爲商品品質很好，所以才這麼貴。總結上面的兩句話，就形成了下面的公式：

● 缺點→優點＝優點

● 優點→缺點＝缺點

因此，在向顧客推薦介紹商品時，應該採用公式一，先提商品的缺點，然後再詳細介紹商品的優點，也就是先貶後褒，此方法效果會更好。

● 言詞生動，語氣委婉

請看下面三個句子：「這件衣服您穿上很好看。」「這件衣服您穿上很高雅，像貴婦。」「這件衣服您穿上至少年輕十歲。」第一句說得很平常，第二、三句比較生動、形象，顧客聽了即便知道你是在恭維她，心裡也很高興。除了語言生動以外，委婉陳詞也很重要。

對一些特殊的顧客，要把忌諱的話說得很中聽，讓顧客覺得你是尊重和理解他的。比如對較胖的顧客，不說「胖」而說「豐滿」；對膚色較黑的顧客，不說「黑」而說「膚色健康」；對想買低檔品的顧客，不要說「這個便宜」，而要說「這個價錢比較適中」。

找到他人內心最看重的東西，然後再進行反覆刺激，你可以一遍又一遍地重複這一點，以突破對方的心理防線。

5 開花的櫻桃樹

一位房地產銷售員帶著一對年輕的夫婦去看房子。這個房子的裝修不是太好，因而許多人來看過，都沒有決定要買。

當他們在房前停下來的時候，年輕太太發現在後院有一棵美麗且正開花的櫻桃樹。

她立刻叫了起來：「啊，你看那棵正在開花的櫻桃樹！當我還是個小女孩的時候，我家的後院也有一棵櫻桃樹，我總是想，以後我也要住在一個有櫻桃樹的房子裡。」

丈夫挑剔地看完房子後，說：「看起來我們得把這個房子的地板換一下。」

銷售員說：「是的，沒錯。不過在這個位置，只需要一瞥，你就能穿過餐廳看到那棵漂亮的櫻桃樹。」

年輕太太看著那棵櫻桃樹，微笑起來，銷售員知道在這對夫妻中，這位太太才是決定者，所以他把主要精力集中在她的身上。

他們走進廚房，丈夫說：「廚房有點小，而且煤氣管有些舊。」

銷售員說：「是的，但是做飯的時候，從這裡的窗子望出去，也可以看到後院裡的那棵美麗的櫻桃樹。」

接著，他們又上樓看了其他的房間。丈夫挑剔說：「臥室太小了，房間都需要重新粉刷才行。」

銷售員說：「是的。不過你沒有注意到，從主臥室也可以將那棵櫻桃樹的美景盡收眼底。」

由於太太對櫻桃樹實在是太喜歡了，以至於最後購買了那套房子。

這完全是因為銷售員察覺出客戶感興趣和關心的重點——開花的櫻桃樹，從而利用這一點對她進行反覆洗腦。

在銷售每一件產品或服務中，都有一棵「開花的櫻桃樹」。銷售人員要學會找到消費者眼中的那棵「開花的櫻桃樹」，抓住這個最強有力的成交要素。

這個策略稱之爲「特點攻略」。

以銷售筆記型電腦來說，假如我們的筆記型電腦上有紅外線介面，其他電腦沒有紅外線介面，正巧客戶的興趣就落在紅外線介面上，那就可以強調產品的這一特色，成交就容易了。

相反，如果把握不到客戶關注的重點，無論你說得多有吸引力，也無法打動客戶。

美國特工曾經有過這樣的課程：通過瞬間顯示機，讓新學員在勉強能看到東西的瞬間光線下看到幾張撲克牌。於是他就有了一種只有那種撲克牌出現的「期待」，接著，就在完全不給他任何提示的情況下，通過這種機械裝置給他看一些奇特的撲克牌。

新學員起初都無法弄清那是什麼。這是因爲在這種情況下，正是對正常撲克牌的「期待」極大地限制了新學員的感覺，也就是說，沒有被「期待」的東西出現在他眼前時，新學員的辨識能力將大幅下降。這種「期待」轉化成購買商品的動機時，就是之前提到過的「開花的櫻桃樹」。

6 肢體語言的重要性

當我們與人接觸和交談的時候，除了用言語來表達自己的意思，如果能適當地加上肢體語言的修飾，會讓你在談話中收到意想不到的效果。

肢體語言是和傳統語言相輔助的一種溝通形式，它伴隨著我們「說話」的同時產生，來自於臉部表情、眼神接觸、手勢、站立姿勢和態度，大多數情況下，它是人潛意識下的反應。

當你和對方交談時，對方正在侃侃而談，我們要適時地做出一些反應，比如點頭默認；微笑看著對方，傳達出一種默契；適時地作思考狀等。這時的肢體語言就能比傳統語言更有效地促進溝通。

眼神是我們表達肢體語言非常重要的環節。眼睛是心靈的視窗，不論什麼時候，無論你和什麼人聊天，你的態度是否認真而真誠，通過你的眼神都會傳達給對方。

如果我們交談的對方是個不太熟悉的人，更要注意眼神的運用。人們一般認爲不躲閃而且自然的眼神交流能表達一個人的誠懇和坦率。因此，如果你是個不善於言辭的人，不妨適時運用你的肢體語言，用真誠的目光微笑看著對方，這樣即使你沒說太多的話，對方也會認爲你很善於溝通。

交談的時候，如果你說：「你說的對。」但是你的眼神一直在左顧右盼，那麼對方一定會想，你是在敷衍他，你所表達出來的「你說的對」並不是肯定。只有加上了肢體語言，用眼神對他說：你是對的，這樣別人才會更相信你。

眼神交流是肢體語言中很有力量的一種，直接表達情緒或者態度。在不回避對方眼神的同時，也注意不要直勾勾地盯著對方看。如果談話的對象有好幾位，那麼在每個人的眼神碰撞之間游離也是很有技巧的。眼神迅速轉移也是不禮貌的，往往說明你對對方問題的忽略，這一點可不能大意。

除了眼神、表情，適時地甩下頭髮、打個手勢、換個坐姿，都能在交流中變成一種語言來爲談話進行修飾。

也許你是個不錯的人，但是你從不和別人發生眼神交流，你的同事會覺得你並不好親近。仔細想想：「今天我笑了嗎？」「我是否和大家有眼神交流？」一旦你開始意識到管理肢體語言的重要性，你將會受益終生。

整體來說，肢體語言的運用是非常有效的，有些普通的肢體語言符號能抵得上一大堆話。不過要提醒你的是，肢體語言並不能表達全部，無論如何，不要忘了語言本身的價值。

7 要使人動心，必須先使自己動情

真誠是一筆寶貴的財富。無論你與什麼樣的人接觸，如果你能展現出自己內心的真誠，就能在某些方面有所收穫。如果你在與對方交談時是認真而真誠的，你的語言也自然會體現魅力。

會說話的人，不光有淵博的知識，也會用真誠的語言、態度來折服別人，換來彼此的心靈相通、坦然以待。講話如果只追求言辭漂亮，缺乏真摯的感情，開出的也只能是無果之花，雖然能欺騙別人的耳朵，卻永遠不能欺騙別人的心。若要使人動心，就必須要先使自己動情。

無論你是與某個人交談，還是在公眾場合演講，只要真誠就能打動人心。如果我們在與人交流時能捧出一顆懇切至誠的心，一顆火熱滾燙的心，怎能不讓人感動？白居易曾說過：「感人心者，莫先乎情。」熾熱真誠的情感能使「快者掀髯，憤者扼腕，悲者掩泣，羨者色飛」。

說話不是敲擊鑼鼓，而是敲擊人們的「心鈴」。「心鈴」是最精密的樂器。會說話的女人總是能用真摯的情感、竭誠的態度擊響人們的「心鈴」，讓喜怒哀樂溢於言表；用自己的心弦去彈撥他人之心弦，用自己的靈魂去感染他人的靈魂，使聽者聞其言，知其聲，見其心。

如果一個人能用得體的語言表達他的真誠，就能很容易贏得對方的信任，與對方建立起信賴關係，對方也可能因此喜歡他說的話，並因此答應他提出的要求。能夠打動人心的話語，才可稱得上是「金口玉言」，「一字千金」。

心理學家認為，人際之間存在「互酬互動效應」，即你如果真誠對別人，別人也以同樣的方式給予回報。道聲「謝謝」，看似平常，卻能引起人際關係的良性互動，成為交際成功的催化劑。因此，真誠的語言，不論對說話者還是對聽話者來說，都至關重要。

說話的魅力，不在於說得多麼流暢，多麼滔滔不絕，而在於是否善於真誠表達。最能贏得人心的人，不見得一定是口若懸河的人，而一定是善於表達自己真誠情感的人。

說話是一個傳遞資訊的過程，要提高自己的說話水準，增添自己的語言魅力，並不僅僅在於說話者本人能否準確、流暢地表達自己的思想，還在於他所表達的思想、訊息能否為聽眾所接受並產生共鳴。也就是說，要將話說好，關鍵還在於如何撥動聽者的心弦。

有些人長篇大論甚至慷慨陳詞，可就是難以提起聽者的興趣；而有些人寥寥數語卻擲地有聲，產生魔力，這是為何呢？很簡單，後者能瞭解人們的內心需要，能設身處地地站在對方的立場，為對方著想，因此他們的話總是充滿真誠，也更容易打動人心。

真誠的語言雖然是樸實無華的，但卻是最感人的。因此，無論你是交朋友、和老闆談加薪還是和客戶談生意，只要是發自內心地真誠地說話，就會讓你的成功率倍增。

8 示弱不是真的弱

很多人都愛表現出強者風範，但往往碰得頭破血流；而會適當示弱的人，則更容易被接受。所以，做人做事如果能適時地示弱，有時反而可能會成爲贏家。世上沒有風平浪靜的海，也沒有一帆風順的路，我們每個人都會遇到困難和挫折，既然避免不了，就不要太在意，總是放在心上。有時候，既然不能硬碰硬，那就學會主動示弱，淡然處事。

某地有一座磚瓦窯，窯主規定每個窯工每個月必須製成一萬片瓦坯，沒有完成的只能拿一半的工錢，超過一萬片則按數量計發獎金。

一天，窯主新招了一個工匠小六，他上窯廠操作了兩天，每天製瓦坯六百片，且品質上乘。老闆非常高興，表揚了他。小六得意地說：「每天八百片我都沒問題，這獎金我拿定了。」

收工時，小六感覺到一道道惱恨的目光向他射來。當他到食堂吃飯的時候，他的碗筷被別人扔在一旁，他知道自己遭到了妒忌。

第三天，小六有意放慢速度，製瓦坯的數量盡量和其他工人接近。老闆再來檢查時，小六懇切地說：

「老闆，我們在磚窯幹活又髒又累，做了半天活還只能拿一半工資，有點不合理……」

老闆考慮了一下，就取消了這項制度。

小六還積極接近其他工人，教他們提高效率的辦法，使大家都能達到目標。此後，工人們都不再妒忌他，還十分佩服他。

小六及時調整自己，不再突顯自己的不同，而是關心大家的利益，提出建議並幫助隊友提高效率，既讓老闆滿意，自己也獲得了尊敬。

人大都有一種妒忌的心理，示弱能使處境不如自己的人保持心態平衡，有利於人際交往。所以在人際關係中，不妨選擇自己「弱」的一面，隱藏自己過於咄咄逼人的優勢，讓別人放鬆警惕。

要使別人對你放下戒備，產生親近感，你可以很巧妙地、不露痕跡地在他人面前暴露某些無關痛癢的缺點，出點小洋相，表明自己並不是一個高高在上、十全十美的人，這樣就會使人在與你交往時鬆一口氣，不再以你爲敵。

主動示弱是一種生存策略。在當今競爭激烈的環境下，鋒芒畢露的人總會成爲眾矢之的而被大家孤立或拋棄，最終不能成功。而隱藏自己的實力，消除大家的防備之心，在適當的時候出其不意，才是能適應當今社會的生存法則。

海灘上的藍甲蟹分為兩種，一種是較為凶猛的，跟誰都敢開戰；一種是比較溫和的，遇到敵人，便翻過身子，四腳朝天，任你怎麼踩牠，牠都不理不動，一味裝死。

經過千百年的演變，出現了一種有趣的現象，強悍凶猛的藍甲蟹越來越少，而喜歡示弱的藍甲蟹，反而繁衍昌盛，遍佈世界許多海灘。

動物學家研究發現，強悍的藍甲蟹一是因為好鬥，在互相殘殺中首先滅絕了一半；其次是強悍而不知躲避，被天敵吃掉一半。而會示弱裝死的藍甲蟹，則因為善於保護自己而擴大了繁衍數量。

讓我們做一隻會示弱的藍甲蟹，在競爭激烈的現代社會中走得更遠吧。示弱不僅能使得對方消除敵意，增進彼此的瞭解和理解，還是成功路上必不可少的考驗。

試想，誰能夠永遠是強者？誰能夠一帆風順？在強的時候故意示弱固然是一種策略，可是在弱的時候，不妨也坦誠示弱給別人看，表達你需要幫助的誠意，從而接受別人的幫助，走出困境。

第三章

雷人的話，說出就慘了

說者無心，聽者有意，
說話者的語言稍有不慎，就會讓對方感到不愉快。
「說錯話」就是最容易破壞這個世界的力量。

1 說者無心，聽者有意

說話水準有多高，在一定程度上體現出做人做事的水準有多高，從這個意義上說，說話高手一定是個做人高手，一個人如果不懂得駕馭自己的語言，信口胡謅、口無遮攔，自以爲洋洋灑灑，其實只會令自己的人際關係盡失。

我們可以從以下幾點檢視自己的平時發言有無犯下錯誤：

一是**不作無謂的比照**。比照，是談話中常用的一種手法。用得好，可以使談話產生某種積極的效果，但是不要拿自己的長處來比照別人的短處，從而引起他人的不快。

二是**不要火上加油**。趁別人一時失言，抓住不放，圖一時痛快而說出刻薄的話，只會使自己成爲討厭的人。

三是應注意避開敏感話題。在某些場合，應竭力避開敏感話題，以免造成別人不快，使場面陷入尷尬局面。

總之，說話要注意場合。不看場合，隨心所欲，信口開河，想到什麼說什麼，這是「不會說話」的一種拙劣表現。在不同的場合，就應該說不同的話，用不同的方式說話，這樣才能收到理想的言談效果

2 信口開河，覆水難收

在和別人交談時，聽一半的話便開始發表自己的見解，殊不知，你聽到的只是上文，下文才是對方真正要表達的意思。

或者，你口無遮攔地說了一大堆別人的不是，沒想在場的人中，正好也有相似的缺點，在你滔滔不絕地對此大加發表看法的時候，別人早已對你不滿，甚至會對你惡語反擊。

還有些人，喜歡把聽來的小道消息添油加醋地到處宣揚，雖然並沒有惡意，可是在不經意中已經給別人造成了極大的傷害，再想挽回，已爲時太晚，也因而失去別人的信任和友誼。

與初次見面或不是十分熟識的人交談時，談話的內容一定要加以甄選，不能口不擇言，隨便說話，一旦因爲對對方不瞭解而觸犯了人家的忌諱，或者言者無心得罪了別人，將會造成難以挽回的結果。

語言是人類交往的工具，我們依賴語言這個工具相互溝通，表達我們的情感，但它同時也是誤會和爭吵的開始。在不瞭解情況的時候，千萬不要信口開河、搬弄是非。說不定聽你說話的人，就是你要貶低的對象，任何不經大腦而「隨便說說」的話，都有可能給你的家庭或者事業帶來障礙。

3 薪水誰比較高？

職場中，有人總是忍不住自己的好奇心，喜歡偷偷打聽同事的薪水。甚至打探別人時，喜歡先亮出自己的底牌，比如說「我這個月獎金有……，你呢？」如果對方比你多，也許會假裝同情，心裡卻暗自得意；如果沒你多，心理就會不平衡了，表面上可能一臉羨慕，私底下往往不服，這時候你就該小心了，背後做小動作的人通常讓你防不勝防。

在辦公室裡，薪水的多少是一個秘密，觸碰不得。打聽別人的薪水會讓別人很難堪。要明白，別人的薪水多少和你沒有關係，即便工作一樣，也要看平時的表現以及工作時間的長短。所以碰上發薪水的時候，不要隨便打聽別人的工資；如果別人打聽自己的工資也要懂得拒絕。

4 閒談莫論人非

職場中一定要注意，有些話能說，有些話是不能說的。在與同事聊天的時候，一定要避免聊上司的不是，或觸碰上司的軟肋。說不準你無心的聊天，被同事拿去當成茶餘飯後的談資，一不小心再傳到上司的耳朵裡，不僅你在工作中得不到什麼展現的機會，甚至你的飯碗能不能保住都是一個問題。

中國有句古話講得好：「閒談莫論人非。」在辦公室中我們則應該「閒談莫論上司」。在辦公室待的時間長了，大家難免會聊點職場上的事，這時候千萬要記住：無論別人怎麼說，你只需要聽就可以了。

碰上談論上司的壞話時，無論你知不知道上司的事，都不要發表你的看法，小心隔牆有耳。如果實在要說，就簡單陳述自己的觀點，只針對事情的本身，而不要針對某人，作人身攻擊。

辦公室裡人員複雜，是最容易滋生是非的地方。要想生存，除了好好工作之外，其餘的事最好都不要管！談論上司的軟肋更不道德，即使上司自己聽不到，也會被別有用心的人傳到上司的耳朵裡，實屬大忌。

5 對人不尊敬，就是對自己的不尊敬

美國詩人惠特曼說過：「對人不尊敬，首先就是對自己的不尊敬。」你希望別人怎樣對你，你就應該怎樣對待別人。你尊重人家，人家才能尊重你。同事之間相處，尊重是最基本的禮貌，也是幫助你贏得對方好感的基礎。

我們要懂得尊重別人，切忌說有傷他人人格的話。說話要注意語氣，輕蔑粗魯的語言使人感到受侮辱，驕橫高傲的語言使人與你疏遠，憤怒粗暴的語言有可能激發別人的怒氣。

如果你剛進職場，不妨學習幾點尊重別人的技巧：

首先，**注意基本的禮節**。

見面打招呼是踏進職場大門最基本的禮貌，不管彼此之間是否熟悉，碰面時主動問候，不僅能夠表達出我們的熱情，而且使別人覺得受到尊重。在注視他人的時候，用友善的眼光對每一個人投以微笑。如果我們能夠用一種友好的方式來表達自己的尊重，那麼別人也會用同樣的方式來回報你。

對職場新人來說，有一點是必須要掌握的，那就是學會如何「傾聽」。「傾聽」同樣也能表達出一種對人的尊敬，當我們集中全部注意力去傾聽的時候，他人也會知無不言，言無不盡。因爲人們總是喜歡關注自己的問題和興趣，當你認真傾聽對方的談話時，對方會有被重視的感覺，你的「傾聽」便會留給對方一個良好的印象。

其次，**在一些原則問題上要做到尊重。**

我們要學會尊重下屬，虛心聽取下屬的意見和建議；寬待下屬，對下屬的一些失禮、失誤的地方要盡量用寬容的胸懷對待，盡力幫助下屬改正錯誤。

我們也要學會尊重同事。別人喜歡什麼，只要不牽涉到我們自身的利益，那麼就與我們無關。要懂得尊重同事的愛好，不要用自己的觀點去看待問題。

有時候，同事會把他們的秘密告訴我們，那說明同事對我們充分信任，因此我們不該隨意洩露他人隱私，這也是尊重同事的表現。

此外，應維護領導職務及其尊嚴，特別是在一些公開場合上，千萬不要做出有違雙方身分的事。如果在意見上有什麼分歧，可以選擇適當場合交換意見。如果要向上司提出建議，那麼一定要考慮場合和方法，以使領導易於接受。

第三，**在自身態度上要做到尊重**。

在職場行走，難免會有犯錯誤的時候。作爲職場新人，如果出現失誤，應主動向對方道歉，以求得諒解。

我們對待同事的態度往往決定著同事對我們的態度，就如同一個人站在鏡子面前，笑時鏡子裡的人也跟著笑；對著鏡子大喊大叫，鏡子裡的人也大喊大叫。因此，要想獲得同事的好感和尊重，先從尊重同事開始吧。

6 信用就是你的品牌

「君子一言，駟馬難追。」講的是做人要講信用。一個不講信用的人，是為人所不齒的。現在的生意場上，公司、企業做廣告做宣傳，樹立公司、企業在公眾中的形象，就是想提高公司、企業的信用度。信用度高了，人們才會相信你，和你有來往，成交生意，你辦事才會容易成功。

人無信而不立。信用是個人的品牌，是辦事的無形資本。有形資本失去了還可以重新獲得，無形資本失去就很難重新獲得了，因此再困難也不能透支無形資本。

有一次諸葛亮與司馬懿交鋒，雙方僵持數天，司馬懿就是死守陣地，不肯向蜀軍發動進攻。諸葛亮為安全起見，派大將姜維、馬岱把守險要關口，以防魏軍突襲。

這天，長史楊儀到帳中稟報諸葛亮說：「丞相上次規定士兵一百天一換班，今已到期，不知是否……」

諸葛亮說：「當然，依規定行事，交班。」

眾士兵聽到消息立即收拾行李，準備離開軍營。忽然探子報魏軍已殺到城下，蜀兵一時慌亂起來。

楊儀說：「魏軍來勢凶猛，丞相是否把要換班的軍兵留下，以退敵急用。」

諸葛亮擺手說：「不可。我們行軍打仗，以信為本，讓那些換班的士兵離開營房吧。」

眾士兵聞言感動不已，紛紛大喊：「丞相如此愛護我們，我們無以報答丞相，決不離開丞相一步。」

蜀兵人人振奮，群情激昂，奮勇殺敵，魏軍一路潰散，敗下陣來。

諸葛亮向來恪守原則，換班的日期來到，即毫不猶豫地交班，就是司馬懿來攻城也不違反原則。以信為本，誠信待人，終於成就了一代豐功偉績。

顧炎武曾以詩言志：「生來一諾比黃金，那肯風塵負此心。」表達自己堅守信用的態度。言必信，行必果。不但是對人的尊重，更是對己的尊重。

當朋友托我們辦事時，我們能提供幫助是在情理之中。但是辦事要量力而行，不要做「言過其實」的許諾。因爲諾言能否兌現除了個人努力的問題，還有客觀條件的因素，平時可以辦到的事，由於客觀環境變化了，一時辦不到，這種情形是常有的，因此我們在朋友面前不要輕率許諾，更不能明知辦不到還打腫臉充胖子，在朋友面前逞能，許下「寡信」的「輕諾」。

當你無法兌現諾言時，不僅得不到朋友的信任，還會失去更多的朋友。

一個商人臨死前告誡自己的兒子：「你要想在生意上成功，一定要記住兩點：守信和聰明。」

「那麼什麼叫守信呢？」兒子問。

「如果你與別人簽訂了一份合同，簽字之後你才發現你將因為這份合同而傾家蕩產，你也得照約履行。」

「那麼什麼叫聰明呢？」

「不要簽訂這份合同。」

將守信理解爲一種品德較難堅持，將它理解爲一種回報率很高的長期投資，則比較容易變成一種自覺的行動。當你有了一個守信用的形象時，會獲得越來越多人的信任，因而帶來越來越多的機會。就好似擁有一座金礦；反之，缺此一條，別的方面再優秀，也難成大器。

7 永遠別說「你錯了」

當我們犯錯時，並非意識不到，只是頑固地不肯承認而已。所以，當你對一個人說「你錯了」時，必然撞在他固執的牆上。

多數人都具有武斷、固執、嫉妒、猜忌、恐懼和傲慢等缺點，所以很難向別人承認自己錯了，即使明知自己錯了，也會用許多理由爲自己找藉口，認為錯得有理。

有人請一位室內設計師為他的居所佈置窗簾。當帳單送來時，他大吃一驚，意識到在價錢上吃了很大的虧。

過幾天，一位朋友來看他，問起那些窗簾時，不平地說：「什麼？太過分了。我看他占了你的便宜。」

這人卻不肯承認自己做了錯誤的交易，辯解說：「一分錢一分貨，貴有貴的道理，你不可能用便宜的價錢買到高品質又有藝術品味的東西……」

結果，他們為此事爭論了一個下午，最後不歡而散。

有一位汽車代理商，在處理顧客的抱怨時，常常冷酷無情，從不肯承認是自己這方的錯誤，總想證明問題出在顧客那邊。結果，他每天陷於爭吵和官司糾紛中，心情一天比一天壞，生意也大不如以前。

後來，他改變了處理客戶抱怨的辦法。當顧客投訴時，他說：「我們確實犯了不少錯誤，真是不好意思。關於你的車子，我們有什麼做得不合理的地方，請你告訴我。」

這個辦法很快使顧客解除武裝，由情緒對抗變成理智協商，於是事情就容易解決了。如此一來，生意也越來越好。

我們不願承認自己錯了，完全是情緒作用，既然我們自己是這種習性，那麼就可以理解別人也具有同樣的習性，因此不要把所謂「正確」硬塞給他。

不要對別人的錯誤過於敏感，不要執著於所謂正確的意見，不要輕易刺激任何人。如果你要使別人同意你，應當牢記的一句話就是：「尊重別人的意見，永遠別說『你錯了』。」

8 不揭他人之短，不探他人之秘

「逆鱗」一說可能許多人並不太瞭解。逆鱗位於龍喉下直徑一尺的地方，傳說中龍的身上只有這一處的鱗是倒長的，無論是誰觸摸到這一位置，都會被激怒的龍殺掉。

人也是如此，無論一個人的出身、地位、權勢、風度多麼過人，都有不能被別人言及、不能被冒犯的角落，這個角落就是人的「逆鱗」。

因爲人人都有各自不同的成長經歷，都有自己的缺陷、弱點，也許是生理上的，也許是隱藏在內心深處不堪回首的經歷，這些都是他們不願提及的傷疤，是他們在社交場合想要極力隱藏和回避的問題。

被擊中痛處，對任何人來說，都不是一件愉快的事。無論什麼人，只要你觸及了這塊傷疤，他都會採取一定的方法進行反擊，從而獲求一種心理上的平衡。

揭短，有時是故意的，那是互相敵視的雙方用來攻擊對方的武器。揭短，有時又是無意的，那是因爲某種原因一不小心犯了對方的忌諱。但是總體來說，有心也好，無意也罷，在待人處世中，揭人之短都會傷害對方的自尊，輕則影響雙方的感情，重則導致人際關係緊張。

我們常說瘸子面前不說短、胖子面前不提肥、「東施」面前不言醜，對讓人失意的事應儘量避而不談。避諱不僅是處理人際關係的技巧問題，更是對待朋友的態度問題。尊重他人就是尊重自己。

通常情況下，人在吵架時最容易暴露缺點。無論是挑起事端的一方還是另一方，都是因爲看到了對方的缺點並產生了敵意，敵意的表露使雙方關係惡化，進而發生爭吵。爭吵中，雙方在眾人面前互相揭短，使各自的缺點都暴露在大庭廣眾之下，無論對哪一方來說都是不小的損失。

《菜根譚》中有句話：「不揭他人之短，不探他人之秘，不思他人之舊過，則可以此養德疏害。」做大事的人，不會冒冒失失地挑起爭端，反而會做好表面文章，讓對方覺得你對他是富有好感，凡事為他著想的。

任何一個人都既可以成為敵人也可以成為朋友，多些朋友總比四面樹敵要好，把潛在的對手轉化為自己的朋友，這才是最好的辦法。

打人不打臉，罵人不揭短。言論自由的現代社會，人們一樣也有忌諱心理，有自己與人交往所不能提及的「禁區」。在辦公室中，那種當面揭短的話更是不能說，這樣不但會使同事之間的關係惡化，還可能造成更為嚴重的後果。

給別人留點餘地、給別人留點尊嚴。每個人都有不足的地方，容許別人的不足，也是對自己的寬恕，因為世界上沒有完人，包括自己。

第四章

暗示的話，用心就懂了

說得越多，瞭解別人的機會就越少。
只有讓對方多說，瞭解他的機會才會越多。

說得越多，瞭解別人的機會就越少

希臘斯多葛派哲人芝諾說：「我們之所以長著兩隻耳朵一張嘴，就是爲了多聽少說。」有許多能言會道的人，他們只想表達自己，卻很少有心情傾聽他人。雖然他們算得上口才一流，但他們並不瞭解別人，人緣一般。

說得越多，你瞭解別人的機會就越少，只有讓對方多說，瞭解他的機會才會越多。而越瞭解一個人，你就越能贏得他的好感，他就越願意與你打交道。

紐約大學的社會學專家達尼爾格蘭做過這樣一個實驗：把每三個女大學生分成一組，每一組由兩名同校女大學生和一名外校女大學生組成，讓她們進行十分鐘的交談。在這個談話過程中，因爲三人中有兩人是同一所大學的，所以大家談話的時候就會忽視另外一名。

結果，正常對話的同校女大學生在交流中使用的重音占談話的百分之十一，而被忽視的那名外校女大學生的對話重音達到了百分之四十一，而且在這些女大學生中，有一半人感到自己性格內向。

這個實驗說明，當兩個同校女生毫不顧忌地說話時，會奪走另一個外校女生的發言權，導致她因內心不舒服而出現說話聲音增大的現象，這表明她產生了一種消極的情緒。因此，從今以後，與人聊天時，別只顧著自己說，也要問問別人：「你是怎麼認爲的？」多聽別人說，引導別人多說，才是有效的溝通之道。

當年日本著名的銷售員原一平做保險銷售的時候，拜訪一個建築企業的董事長渡邊先生。渡邊一見到原一平就下了逐客令。

原一平並沒有就此退卻，他誠懇地問渡邊先生：「渡邊先生，咱倆年齡差不多，為什麼你如此成功呢？能告訴我原因嗎？」

渡邊先生見原一平求知若渴，想學習自己的成功經驗，就不好意思再回絕他，接著，他就講述了自己的成功歷程。沒想到一聊就是半天，而原一平始終在認真地聽著，並在適當的時候提了一些問題，以示請教。最後的結果可想而知，原一平拿下了渡邊建築公司的所有保單。

所以，征服人心其實很簡單，不當話癆，把發言權多留給別人一些，你就擁有了更多成功的可能。

只有很好地傾聽別人，才能構建穩定的人際關係。凡是高明的談話者，都有著很好的傾聽素質。他們在聽別人說話的過程中，能夠體察別人的感情，體諒別人的難處，寬恕別人的錯誤，容忍別人的缺點；他們有耐心，能夠長時間地聽取別人零亂、不成熟，甚至是語無倫次的談話。

他們還擁有一顆謙虛的心，一顆吸收性強的學習心，他們能夠從別人的談話中找到要害，能夠用別人的思想來提升自己；他們又都是有趣的人，偶爾聽到別人說出有趣的話，就會會心一笑，當別人講出一些經典話語時，就連連點頭。由於具備這種素質，高明的談話者往往能深刻洞察別人的心思，他說出口的話也就能深入對方內心。

2 感同身受地去傾聽對方

不痛不癢地說「我懂你的委屈」，不如感同身受地去傾聽對方，做一個好的聽眾。

規則一：在聽對方說話的過程中，要**始終保持一種積極的態度，這樣可以營造良好的交談氣氛**。對方越能感受到你的傾聽興趣，他就越能準確表達自己的想法。相反，如果你在傾聽的時候表現出消極態度，總是動不動就說「我知道」「我懂了」之類不耐煩的話，對方就會很傷心，進而也不想和你繼續交談了。

規則二：**全身心注意傾聽**。別人同你說話的時候，你要面向說話者，同他保持目光的親密接觸，同時注意姿態和手勢，無論你是坐著還是站著，都要與對方保持最適宜的距離。

規則三：**以相應的行動回答對方的問題**。對方與你交談是想得到某種可感的資訊，或者迫使你做某件事情使你改變觀點，或者渴望得到你的安慰理解等。這時，你要採取適當的行動，比如對方和你聊到他遇到工作瓶頸，如果有好的建議儘管告訴他，如果有能幫他的書籍或者工具也可以提供給他，這也是最好的回答方式。

規則四：**傾聽的時候，感同身受表示理解**。這包括理解對方的語言和情感，把自己假設爲對方，站在對方的角度體會他的內心感情。

規則五：**不要不懂裝懂，沒聽見裝作聽見**。作爲一個傾聽者，不管在什麼情況下，如果你不明白對方說的是什麼意思，你就應該讓他知道你沒聽明白。永遠別不懂裝懂，那樣早晚會被人識破。

規則六：**要觀察對方的表情**。交談很多時候是通過非語言方式進行的，那麼，你不僅要認真聽，還要注意對方的表情變化。比如看對方的眼神、說話的語氣及音調和語速的變化等，同時還要注意對方與你的距離，這有助於你更好地傾聽對方。

在傾聽對方說話的同時，還有幾個方面需要注意：

首先，別提太多的問題。問題提得太多，容易造成對方思維混亂，說話時注意力不集中。

其次，不要在別人說話的時候神遊。有的人聽別人說話時，習慣考慮與談話無關的事情，對方問他話的時候，他會不知所云，想不起對方剛才說了些什麼，這樣彼此交流就變得困難。

最後，別匆忙下結論。別人說話的時候，不管你是表示讚許還是反對，都不要急著說出來，不經過認真思考的判斷和評價，容易讓對方陷入防禦狀態，造成彼此間交際的隔閡。

3 插嘴的藝術

每個人都會有情不自禁地表達自己內心想法的衝動。當你看到你的朋友和另外不認識的人聊得起勁時，可能你會產生參與其中的想法。但是如果在他人說話的時候，不顧當事人的感受，不分場合與時機，隨便插嘴搶話，這不僅擾亂了談話人的思路，還會引起對方的不快，有時甚至會產生不必要的誤會。

要獲得好人緣，要想讓別人喜歡你，萬萬不可在別人說話時隨便插嘴。當你想插話時，請提醒自己耐心再耐心，至少聽完對方的話再發表觀點。

心理學上有個名詞叫做「心理定勢」。即當一個人心裡有事或有想表達的話題時，他就會啓動其心理定勢準備講話，直到他把事情全部說完，才會轉而傾聽別人的話語。所以，你要想讓別人傾聽你，首先必須做到不隨便打斷別人說話，也不隨便插話，學會耐心聽對方講話。這麼一來，對方會有一種你很注意聽他說話的感覺，認為你尊重他的意見，等他說完之後，他理所當然想聽聽你的想法。

如果你要發表觀點，最好能做到即便觀點遭到反對，或某人要發牢騷時，也耐心地聽對方把話講完，並詢問對方是否還有別的什麼事情要說。這樣做就消除了對方的排斥情緒，使他意識到你對他的觀點感興趣。

如果實在是想插話，最好這樣做。當對方擔心你對他的話題不感興趣，顯露出猶豫、爲難的神情時，你可以趁機插入一兩句話，讓對方知道你在聽，並且喜歡他的談話。你可以說諸如「我對你說的話題十分感興趣」「你能談談那件事嗎？我想多瞭解一些」「請你繼續說，很有意思」，一旦你向對方傳達一種「我願意聽你說話」的意思後，對方會更喜歡和你交談。

當對方在敘述中加入過多的主觀情感，甚至不能控制自己的情緒時，你可以用一兩句話來疏導，諸如「你一定很生氣」「你看起來很煩躁」「你心裡很難受吧」。對方聽到你說這些話後可能會發洩一番，因爲，這些話的目的就是誘導對方把心中那些不良情感表達出來。當對方發洩一番後，會感到輕鬆、解脫，也更想繼續聊下去。

4

沉默是金

沉默似乎是一件消極的事，是談話的大忌。人們每每聚在一起，都想方設法地發出點聲音。比如說你去親戚朋友家做客，一般情況下，大家會第一時間打開電視，或邊聊天邊看，或者乾脆沉浸電視節目中，傾聽電視「說話」，被電視節目控制著。

幾個小時下來，看似氣氛不沉悶，可是大家真正交流的時間沒多少。再親近的朋友與親戚，都不可能每分每秒喋喋不休講個不停；不講話時，會有一段時間很沉默。但沉默未必是壞事，適度的沉默，不但不會令談話降溫，還能使彼此的交流更順暢。

沉默是一種無聲的語言，並不是所有的對話都在持續狀態才有意義。一般來說，一個人如果重複並且長時間聽一個話題，注意力就會逐漸分散，厭煩對方的談話，可能導致「你說你的，反正我走神你也不知道」的局面產生。這樣的對話看似在進行，實際上卻在受阻。因此，一旦遇到這種情況，突然的沉默就能發揮作用了。談話者可以突然沉默不語，這樣聽者自然就會把注意力轉移到他身上。

傾聽者也可以利用突然沉默這一策略打斷對方的談話，引出自己想談的話題。這樣既能使談話的人反省，又不傷害他的自尊。比如在辦公室，你的同事告訴你好幾次同一件事，你已經聽得耳朵起繭了，但作爲同事，你又不好意思對他說「你已經說了好多遍這件事了」，怕會傷害他的自尊，但繼續聽下去，你的心情真的不太好，因此，當他滔滔不絕時，你不妨沉默不做任何回應，讓他自覺停止談話，你再趁機巧妙轉移話題。

突然沉默之所以能終止那些讓你感到厭煩的話題，是因爲你的沉默讓對方感到意外，他會在心裡嘀咕：「爲什麼他一點反應都沒有？

是在想別的事，還是不想聽我說？」帶著這樣的疑問，對方不得不停下他喋喋不休的說辭，想辦法找些你喜歡的話題來說。

有時候沉默的確是金，更是一種傾聽的技巧與智慧。沉默在一定程度上甚至具有恭維效果，適當的沉默是一種傾聽智慧，它在幫你贏得人緣的同時，也能征服所有人的心。

5 注意聽他的說話速度

當一個人面對愛戀已久的對象時，往往說話會磕磕絆絆，不知所云。這是人在試圖表現出最好的一面，給對方留下好印象的表現，而越在意的事情往往就越緊張，一緊張「大腦就會一片空白」。因爲緊

張，頭腦就不能準確地形成外在的語言表徵

反過來說，觀察一個人的語言表徵如語速的快慢，也爲我們提供了一個直接判斷他人個性特徵的依據。俗話說：心直口快。一般內心直率的人不會爲了一句話而深思熟慮，而一個內向的人因爲有自卑的心理存在而語速相當緩慢，總是害怕出現什麼差錯而顯得自身的懦弱無知。

說話速度很快的人，一般性情直率、精力充沛，同時可能有點自我和固執；相反，說話速度很慢的人則往往老實厚道、行事謹慎，有時甚至有謹小慎微和過於敏感之嫌。若說話速度突然由快變慢或由慢變快，則表示說話者的內心正在起著變化。

一個企業的面試官對來應徵的人問了一個很專業的問題。其中一個求職者是剛畢業的學生，因爲專業能力與應變能力不足，說話吞吞吐吐；而另一個說話速度很快，三兩下就回答完畢。結果怎樣？兩個都沒有被錄用。

爲什麼？心理學研究表明：當一個人內心有不安或者有恐懼情緒時，會造成思維緩慢，而思維緩慢會造成截然相反的兩種語言表徵：結巴或者說話飛快不經大腦。這都是意圖掩蓋自身的不安與恐懼情緒所造成的。

由此看來，兩個求職者都不令人滿意，是因爲他們的表現都暴露了他們微弱的專業能力。當然，只看說話速度不看說話的內容會造成片面的判斷，天生說話速度緩慢等情況也有很多。

既然人們的說話速度會隨著自己想要表達的情感和心情狀態而發生變化，那我們就可以由說話速度的變化洞悉說話者的心理變化，揣摩探知他的心理狀態。具體說來，有以下兩種情況：

●說話速度突然變慢

如果一個人平常說話速度很快、口若懸河，可某一刻突然支支吾吾、前言不搭後語，則很可能是對方觸及了他的一些短處、弱點甚至是錯誤，要不就是他有事瞞著對方。說話速度的減慢反映了他底氣不足、心虛、卑怯的內心狀態。

但如果是正在讀一篇文辭十分優美的抒情散文，或者是在回憶某件美好的事情時，則人們說話速度的舒緩、悠揚只是在體現他對美的感受。

●說話速度突然變快

如果一個人平常說話慢慢悠悠、從不著急，而在某一時刻忽然高聲又較快速地說話，甚至很急迫地進行反駁，那麼很可能是對方說了一些對他十分不利並且是無端誹謗的話，語速的加快表達了他內心的不滿、著急和委屈。

但如果是正在讀一篇富有激情的文章，或者發表慷慨激昂的演說時，人們加快說話的速度則是爲了表達自己內心強烈的情緒。

如果不屬於上述兩種情況，平常說話慢者突然提高聲音、加快速度，或者平常說話快者突然放慢時，則表明他們是想強調正在陳述的內容，希望通過語速的變化引起別人的注意。如果是在辯論會上，這種情況則屬於一種「挫對方銳氣，增自身信心」的策略。

6 指尖會說話

與言語交流不同，我們的身體動作更多是不受意識控制的，是我們無意識的反應。正如佛洛伊德所說，「沒有人可以隱藏秘密，假如他的嘴巴不說話，則他會用指尖說話。」

人總會有意無意地玩著各類肢體語言的遊戲，嬰兒喜歡吮吸大拇指，個人意識較高的人往往雙臂橫抱在胸前，這些常見的動作，作爲一個瞭解小動作內涵的人，會十分明確地指出它們的真正含義。

設想你的前面有個電話亭，只要仔細觀察一下，就會發現人們在打電話時會呈現出形形色色的肢體動作。

一個男人，端端正正地站在電話機前，全神貫注地傾聽，態度十分恭敬地說話，他的衣著一絲不苟，外套扣得整整齊齊，很可能他正在向他的上級彙報工作。

另一個打電話的人，姿態很輕鬆。低著頭，身體的重心不斷地從這隻腳換到那隻腳，而且將下巴抵在胸前，看上去似乎是望著地面，邊聽著邊頻頻點著頭，一隻手卻不停地用手指纏繞著電話線玩。

看上去這個人很自在，但他對通話的內容顯然感到索然無味，卻又企圖隱藏這種感情。和他通話的人可能是個很熟的人，也許是父母、妻子或者是一個老朋友。

第三個人，嘴緊貼著話筒小聲地說著，不想讓人看到他臉上的表情，似乎要隱瞞什麼秘密。他的左手不時地抿抿頭髮，撓撓耳朵，就像赴約前的整理一樣，這十有八九是在和他的戀人傾訴衷腸。

再看第四個人，高聳著風衣的領子，腰微弓著，一手緊拉著電話亭的門把，像要阻止別人闖進來，一邊低聲說著話，一邊把目光透過低低的眼瞼向來往行人窺視著，一副心懷鬼胎的樣子。也許他正幹著不可告人的勾當。

由上可以看出，研究別人無意識的小動作是一件很有趣的事。我們來看看這些習慣性小動作如何暴露個性。

●邊說邊笑

這種人與你交談時你會覺得非常輕鬆愉快。他們大都性格開朗，對生活要求從不苛刻，懂得「知足常樂」，富有人情味。感情專一，對友情、親情特別珍惜。人緣很好，喜愛平靜的生活。

●掰手指節

這種人習慣於把自己的手指掰得咯嗒咯嗒地響。他們通常精力旺盛，非常健談，喜歡鑽「牛角尖」。對事業、工作環境比較挑剔，如果是他喜歡幹的事，他會不計任何代價而踏實努力地去幹。

●腿腳抖動

這類人總是喜歡用腳或腳尖使整個腿部抖動；最明顯的表現是自私，很少考慮別人，凡事從利己出發，對別人很吝嗇，對自己卻很大方。但是很善於思考，能經常提出一些令人意想不到的問題。

●拍打頭部

這個動作是表示懊悔和自我譴責。這種人對人苛刻，但對事業有一種開拓進取的精神。他們一般心直口快，爲人真誠，富有同情心，願意幫助他人，但守不住秘密。

●擺弄飾物

這種人多爲女性，一般都比較內向，不輕易使感情外露。他們的另一個特點是做事認真踏實，大凡有座談會、晚會或舞會等活動，人們都散了，但最後收拾打掃會場的總是她們。

●聳肩攤手

這種動作是表示自己無所謂。這類人大都爲人熱情，而且誠懇，富有想像力，會創造生活，也會享受生活，他們追求的最大幸福是生活在和睦、舒暢的環境中。

● **常常低頭**

慎重派。討厭過分激烈、輕浮的事，勤勞踏實，交朋友也很慎重。

● **托腮**

精神旺盛，討厭錯誤的事情，工作時對鬆懈懶散的合作對象會很反感。

● **摸弄頭髮**

這是一個情緒化的、常常感到鬱悶焦躁的人物。對流行很敏感，且忽冷忽熱。

● **靠著某樣物體**

冷酷的性格，有責任感和韌性，屬獨自奮鬥型。

● **四處張望**

具有社交性格的樂天派，有順應性，對什麼事都有興趣，對人有明顯的好惡感。

●搖頭晃腦

這種人特別自信，以至於唯我獨尊。他們在社交場合很會表現自己，對事業一往無前的精神常受人讚嘆。

但是，要確切瞭解小動作背後所隱藏的「真相」，我們必須瞭解一些規則：

第一，要正確理解對方的肢體語言，必須綜合若干個動作或姿態來分析，單純只看某一個孤立的動作，是不能作出正確判斷的。

比如，你只看對方眉毛的動作，就不知道他在表達著什麼，只有把眉毛、眼睛、鼻子、嘴和臉部的表情彙聚、綜合起來，才能真正洞察對方。一個個孤立的動作就像是一個個單獨的漢字，望「字」生義是會出偏差的。只有把單字組成詞和句了，才能明白其中的意思。

第二，小動作的表達和一個人的心理活動有莫大的關係。

在研究某個人的小動作時，我們必須非常細心地來研究小動作發生的規律；必須瞭解他行動的整體條件，同時也要把行動和他的語言結合起來判斷。雖然有時嘴裡所表達的和小動作所表現出來的會互相矛盾，然而卻也有著不可分割的聯繫。

7 聰明的耳朵能讀心

仔細留意一個人說話時的語速，你就能夠掌握其心理狀態。

《紅樓夢》中「未見其人先聞其聲」的王熙鳳就是一個典型。

林黛玉初到賈府時，王熙鳳是這樣出場的：

一語未了，只聽後院中有人笑聲，說：「我來遲了，不曾迎接遠客！」

黛玉納罕道：「這些人個個皆斂聲屏氣，恭肅嚴整如此，這來者係誰，這樣放誕無禮？」心下想時，只見一群媳婦丫鬟圍擁著一個人從後房門進來。

這個人打扮與眾姑娘不同，彩繡輝煌，恍若神妃仙子：頭上戴著金絲八寶攢珠髻，綰著朝陽五鳳掛珠釵，項上戴著赤金盤螭瓔珞圈，裙邊繫著豆綠宮絛，雙衡比目玫瑰佩，身上穿著縷金百蝶穿花大紅洋緞窄褃襖，外罩五彩緙絲石青銀鼠褂，下著翡翠撒花洋縐裙。一雙丹鳳三角眼，兩彎柳葉吊梢眉，身量苗條，體格風騷，粉面含春威不露，丹唇未起笑先聞。

黛玉連忙起身接見，賈母笑道：「你不認得她，她是我們這裡有名的一個潑皮破落戶兒，南省俗謂作『辣子』，你只叫她『鳳辣子』就是了。」

這是王熙鳳的「先聲奪人」，而這種「先聲奪人」正爲我們展示了一個敢做敢當，處事得體但警覺性也非常高的「鳳辣子」。可見聲音大小與個人的性格有著緊密的關係。

一般喜歡大嗓門滔滔不絕說話的人，是外向型性格，似乎是怕對方聽不懂他的話而故意聲調調高，心理隱語爲：我希望你能充分理解我。這類人支配欲較強，但大都較爲正直，愛打抱不平。而說話聲音小的人則比較內向，不到一定的氛圍，是不會把自己內心的想法說出來的，彷彿那樣是在眾人面前被扒光了衣服一樣，讓其感覺不舒服。

從說話的聲音高低粗細我們可以看出一個人最基本的性格特徵，比如：

● 尖銳高亢的聲音

此類人說話時，如嗩吶或者喇叭發出的聲音，無所顧忌放聲說話，從不在意別人在說什麼，也許由於自己聲音過於尖銳高亢而聽不到別人在說什麼。此類人比較神經質，情緒起伏不定，愛恨分明。在心理學性格分析中屬「膽汁質」，濃烈而易怒。面對此類人應沉穩謹慎，表現出謙虛的態度即會獲得他的好感。

●溫和舒緩的聲音

像小提琴發出的小夜曲。如果是女士，則表明其慢條斯理的個性，渴望情感表達，會根據周圍的環境來表達自己的情感，此類人很有同情心，對於受困者絕不會坐視不理。如果是男士，如大提琴般沉穩溫和，表明其誠實、忠厚的個性，同時不會趨炎附勢討好別人，更不會聽風就是雨。

●沙啞磁性的聲音

像「簫」一樣渾厚且語調綿長，正如「簫」只是一人吹奏，此類人非常獨立且富有個性。一般此類人在繪畫、音樂等方面具有不可多得的天賦，所以能夠敏銳地捕捉藝術靈感，正因爲這樣也常常受人排擠，但是異性緣通常很好。對於這類人不要試圖去灌輸自己的思想觀念，否則會讓他對你有淺薄無知的印象。

●粗重低沉的聲音

像「大鼓」在整個演出中的節奏掌控一樣，此類人粗重低沉的聲音也具有領導者的風範，性格樂善好施富有正義感，容易得到他人的信賴，交際範圍甚廣。如果是男士，隨著歲數的增長，會更加受到重視，因而較會獲得事業上的成功。

●黏人甜膩的聲音

長時間聽這類聲音會產生不舒服感，所以沒有一種樂器發出這類聲音。女士發出「嗲嗲」的聲音是想得到對方的喜愛，但是殊不知過多的黏膩會讓人感覺不舒服。如果有男士發出這樣的聲音，那麼也許他的父母從小把他當女孩養了，造成他優柔寡斷、顧影自憐的女性性格。

8 你聽懂弦外之音了嗎

有的人說話很隱晦，一句話可能有很多種意義，遇到這樣的情況，你就要察覺其中隱含的訊息，如此才能摸透對方的心思。

有人走進你的辦公室，然後對你說道：「我快要累死了！昨天、前天和大前天晚上，我都加班到十點鐘才回家，我真的是累壞了！」

你身為經理，聽了那個人說的話，你必須找出其中隱含的訊息，這是你應該做到的。

那個人想要傳達的心思可能是這樣的：「我實在需要別人幫忙，我知道公司雇用我做這個工作，是希望我自己一個人做，我擔心的是，如果我對你說我需要幫忙，你會認為我沒有做好工作，所以，我不想直接說出來，我只是告訴你，我現在的工作分量太重了。」

另一個隱含的訊息可能是這樣的：「上一次你評估我工作成效的時候，提起工作態度的問題來，並且還說希望每個人都更加努力工作，現在我只是想讓你知道，我正在照著你的指示去做。」

也有可能這個隱含的訊息是：「我有點擔心，怕保不住工作，遭到公司辭退，所以我希望你知道，我是個多麼恪盡職責的職員。」

可能還有一個隱含的訊息是：「我希望你拍拍我的肩膀，希望你對我說：『我知道你工作很努力，我非常欣賞你的工作態度。』」

你應該能找出來「我實在是快累死了」這句話背後代表的意思。

那麼，與人談話時，如何才能更好地摸透說話者的心思呢？

一是**聽聲**。同一句話，用不同的聲調表達出來，其含義就不一樣，有時甚至完全相反。聽聲就是通過發現聲調中的異常因素，做出辨析，抓住隱含其中的心思。

比如說「好啊！他行！他真行！」這句話。如果說話者說這句話時語氣上揚，聽者便能感覺出這是在讚揚某人。但如果說話者刻意壓低語調，刻意拖長「行」，「真行」，那意思就剛好相反了，那就表示說話者對某人的嚴重不滿，而這種不滿情緒盡在言語之外。

很多情況下，同樣一個意思，可以用肯定句、否定句、感嘆句、假設句、反意句等許許多多的形式表達，而不同的形式就表達了不同的意思，這就需要結合語境仔細辨析了。

二是**辨義**，說話者總是從一定的角度來表達他的想法。辨義主要是抓住說話角度這個關鍵，發現其中的異常因素，從而看清他的真正意圖。

人們對於不好明說的事情，經常會換個角度含蓄地表達出來，而這個角度的改變其實都沒有脫離具體的場合，所以你不要以爲對方跑題，只要你結合場合來分析對方說的話，就很容易悟出對方的意圖。

三是**觀行**。人們有時候礙於面子難免會說些違心的話，這個時候表現出來的就是言行不一，你只要注意觀察他的具體行爲，就能意會其內心的真實想法。

有些人心裡不愉快，或生你氣的時候，不會直接表達內心的不滿，他們會繃著一張臉，用力地對你說：「沒什麼！」或是用不耐煩的語氣表示：「算了！算了！不跟你計較！」一邊說還一邊乒乒乓乓地摔東西。即使是小孩，也看得出他們是在生氣！

下面幾種「黑話」，你一定要聽懂。

●善於社交

如果有一天你跟領導出去應酬，他在客人面前誇獎你特別善於社交，你先別高興得太早，因爲那意味著你一定得在酒桌上好好表現，不將對方喝好喝倒，你可就真對不住他的誇獎了哦。

●最近公司業績很不好

許多老員工恐怕都非常害怕聽到這句話，因爲公司的業績不好意味著可能養不活現在這麼多人，裁員那一天可能已經不遠了。

●這人很隨和

要是哪天領導說你是個隨和或者好脾氣的人，你可就注意了，那意味著他認爲你個性軟弱，容易被人欺負，準備喊你去做加班跑腿出差等等的苦差事。

●再考慮……

遭到上司這樣的評價，那你還是別再考慮了，直接換方案是最好的辦法，這句話的意思其實就是「不行」。

●上級要來檢查

當上司跟你講這話的時候，別以爲只要明天自己謹慎度過就可以了，最好是今天就留下來加班。

●誇你幽默

別以爲上司這樣一句話是因爲你討好他，讓他心花怒放呢，因爲他也許在暗示你，你在辦公室講的廢話太多了。

●最近家裡的事很多哦

若是哪天上司莫名其妙地來了這麼一句，相信他十有八九不是在關心你的家事，而是在嫌你在工作上不夠努力啦！

● **聽說你跟某某關係不錯**

注意了，這是懷疑你私自向其他部門透露本部門的情況，若是哪一天發現你們部門和這個部門的設計方案重複或雷同了，那麼這個洩密的嫌疑人無疑就是你。

第五章

拍馬的話，聽聽就好了

作為一個讚美者，讚美不適度，反而會適得其反。
因此，讚美別人也要講求分寸和方法。

1

人人都需要讚美

需要讚美是人的本性，讚美具有不可替代的力量。充滿真誠的讚美是取得他人信任的推進器。

一次，包拯要選一名師爺，經過筆試，包拯挑選了十個很有文采的人。

第二個程序是面試，包拯把他們一個接一個叫進去。前面九個一一進去後，包拯指著自己的臉對他們說：「你看我長得怎麼樣？」

為了討他喜歡，面試者一個個恭維他眼如明星、眉似彎月、面色白裡透紅，是清官相貌，氣得包拯將他們都趕了出去。

第十個應試者進來了，包拯還是問相同的問題，那人做了如實回答。

包拯故意假裝生氣。那人又說：「小人深信只有誠實的人才可靠，老爺雖相貌醜陋，但心如明鏡，忠君愛國，天下人皆知包青天的美名。」

這一席話說得包拯心中大喜，那人得到了他的信任與重用。

這個應聘者之所以中選，是因爲他的讚美更加有遠見，充分證明了他的洞察力不一般——通過對他人真誠的讚美，由缺點到優點，最終得到他人的信任，成爲讚美他人的受益者。

人人都渴望受人尊重，被人讚揚。每個人都希望自己受到別人的認可和稱讚，美國第十六任總統林肯說：「人人都需要讚美，你我都不例外。」被譽爲「推銷之神」的原一平說：「推銷的秘訣在於研究人性，研究人性的關鍵在於瞭解人的需求，我發現對讚美的渴望是每個人最持久、最深層的需要。」

讚美對影響他人有著一種神奇的力量。行爲專家認爲，讚揚是一些行爲發生聯繫的東西，它能促使某種行爲重新出現。當大腦接收到讚揚的刺激，大腦皮層形成的興奮狀態調動起各種系統的積極性，潛在的力量能動地變成了現實，行爲就會發生改變。在適當的場合真誠地稱讚他人，就會激起他人的志氣，幫助他人建立起自尊心。一句真誠讚揚的話，有時甚至能改變一個人一生的命運。

讚美就像潤滑劑，可以調節相互間的關係；讚美又像協奏曲，那和諧悅耳的聲音讓人如癡如醉；讚美猶如和煦的陽光，讓人們享受到人間的溫情；讚美像奮進的戰鼓，給人以鼓舞和激勵。人人都喜歡別人的讚美，因爲這是一種精神享受，因爲尊重和榮譽是人的第二生命。

人人都需要讚美，就好像人人都需要吃飯一樣。沒飯吃，你會產生飲食的饑渴；沒有讚美，你會產生精神的失落。

讚美是一種藝術，不但需要恰當的方式加以表達，而且還要有洞察力和創造性。

任何人都會被真心誠意的讚賞所觸動。哈佛大學弗爾帕斯教授經歷過這樣一件事：

有一年夏天，天氣又悶又熱，他走進擁擠的餐車去吃午飯，當服務員遞給他菜單的時候，他說：「今天燒菜的小夥子一定夠受的了。」

服務員聽了後，感動地說：「來吃飯的人不是抱怨這裡的食物，便是指責這裡的服務，要不就是因為車廂內悶熱而大發牢騷。十九年來，你是第一個對我們表示同情的人。」

古諺云：「精誠所至，金石為開。」當你的讚美之辭從舌底間流出的時候，很大程度上，你的言語中包含的真誠百分之百已經顯露出來，並寫到被讚美者的臉上，或者心中。所以只有真誠的讚美，才能使對方感到你的讚美是在發現他的優點，而不是作為一種明顯的功利性手段去恭維他，從而使他自覺自願地「打開」你所需要的「金石」，或者接受你在讚美背後隱藏著的不滿，從而達到讚美的最終目的。

2 誇他最不為人知的地方

心理學家吉斯菲爾指出：「有不少人，他們喜歡聽相反的話；更有許多的人，喜歡別人把他們當做有思想、有理智的思想家。有一回，我與一個人討論一件頗有爭議的社會問題，我對他說：『因爲你是這樣的冷靜、敏銳，因此我想知道，我們究竟應該站在什麼立場？』他聽了我的話，立刻現出滿面春風的樣子，並詳細對我說了他對此事的立場態度。原來此人是願意人家看他是敏銳、冷靜的。」

人不分男女，無論貴賤，都喜歡聽合其心意的讚譽。這種讚譽，能給他們加倍的能力、成就和自信的感覺。

要使讚揚能夠奏效，我們心中就要掌握各人性情的不同之處，這樣便能區別對待，有的放矢，從而達到目的，把事情辦好。

一般常人身上都有著難以察覺的亮點，而這些正是個人價值的生動體現。而一個偉大的領導者，往往獨具慧眼。大多是讚揚別人的專家。美國前總統羅斯福，在對正直人給予恰當的稱讚上就很有才能。

人們聽到的讚美多了，常常會對一些讚美一笑而過，並不很在意。但是如果你說出的讚美對方的話，是別人不常關注的地方，那麼你的讚美一定會讓對方為之一驚：「原來你才是瞭解我的人！」因為你挖掘出了別人沒有注意到的優點。

比如，一個長得非常出眾的女人，每個人見了都會說：「你長得真漂亮。」最初聽到，她可能還會在心裡有所浮動，但是，如果大家都這麼說，她會覺得自己的美是大家公認的，別人這麼讚美她，她覺得受之無愧，因此不會太在意。甚至會覺得自己的美麗反而讓人們忽略了她真正的優點，她並不想被人認為是一個花瓶，因此，這種對於漂亮的讚美成了對她的諷刺。

但是，如果你說她：「你是個非常有才華的人。」她會因爲你這麼說而非常感動：「只有你才真正明白，我的才華才是我最大的優勢。」

因此，有時候，我們如果讚美別人一個不被人關注的地方，更有可能贏得對方的好感。並且，在讚美的同時，可以更好地表達我們的善意，從而傳達出我們的信任和情感。

讚美別人不被關注的地方，不僅會給別人出乎意料的驚喜，而且，也不讓自己被懷疑是在故意奉承討好。

當然，欣賞別人也得懂得一些技巧。具體該怎麼去做呢？

一是要儘量去欣賞別人一些他自己不太自信或不被眾人所知的優點。如果一個運動員和你第一次見面，你表示欣賞他的運動成績，只會讓他微微一笑，不會產生什麼特別的感覺；而如果你表示欣賞他的風度和氣質，他會非常高興。

二是欣賞別人不能無中生有。如果你去讚賞對方根本沒有的優點甚至是缺點，他要麼會懷疑你是否在諷刺他，要麼會認爲你這人是個善於奉承拍馬的人。

三是單獨對待每個人總能給人一種被欣賞的感覺。當你到朋友家做客，朋友向你介紹了他的三個孩子後，你不是點頭微笑，而是走過去同他們一一握手並問好，他們馬上會對你產生好感。

3 見什麼都說好，不如不說

讚美是一門學問，是人際關係中最能打動人心的語言。許多人常犯的一些錯誤，如見了什麼都說好，信馬由韁，天花亂墜，不懂裝懂，本來的讚美之言，聽起來卻像諷刺。作爲一個讚美者，讚美不適度，反而會適得其反。因此，讚美別人也要講求分寸和方法。

凡事要有個分寸，如果拿捏不好，恭維就成了討好、巴結、拍馬屁了。除了沒有達到你預期的效果，更有可能適得其反。相反，假如你說的恭維別人的話恰如其分，不但沒有拍馬屁的嫌疑，還讓人覺得你是個會說話的人，並且也會喜歡和你搭話。一個愛面子的人，如果你多對他說一些恭維話，讓他覺得有面子，就會心甘情願地替你做事。

●審時度勢，因人制宜

人的素質有高低之分，年齡有長幼之別，所以讚美要因人而異，突出區別。有特點的讚美比一般化的讚美能收到更好的效果。老年人總希望別人不忘記他「想當年」的豐功偉業與雄風，所以同他們交談時，可多稱讚其引以為豪的過去；對年輕人不妨語氣稍為誇張地讚揚他的創造才能和開拓精神；對於經商的人，可稱讚他頭腦靈活，生財有道；對於有地位的幹部，可稱讚他為國為民，廉潔清正；對於知識分子，可稱讚他知識淵博、寧靜淡泊……

●情真意切，有理有據

雖然人都喜歡聽讚美的話，但並不一定任何讚美都能使對方高興。你若無根無據、虛情假意地讚美別人，他不僅會感到莫名其妙，更會認爲你油嘴滑舌、詭詐虛僞。只有那些基於事實發自內心的讚美才能引起對方的好感。例如，當你見到一位其貌不揚的小姐，卻偏要對她說：「你真是美極了。」對方肯定認爲你所說的是虛僞之極的違心之言，或是爲了諷刺她。但如果你著眼於她的服飾、談吐、舉止，發現她這些方面的出眾之處並真誠地讚美，她一定會欣然接受。

真誠的讚美不但會使被讚美者產生心理上的愉悅，也可以使讚美者經常能發現別人的優點，從而使其對人生持有樂觀、欣賞的態度。

具體來說，讚美別人需要做到以下幾點：

●一要詳實具體，深入細微

在日常生活中，有顯赫功績的人畢竟是少數，而大多數人都只不過是普通勞動者。因此，與人交往時應從具體的日常事件入手，善於發現對方哪怕是最微小的長處，並不失時機地予以讚美。讚美用語越詳實具體，證明你對對方越瞭解，對他的長處和成績越看重。讓對方感到你的真摯、親切和可信，你們之間的距離就會越來越近。如果你只是含糊其辭地讚美對方，說一些「你工作得非常出色」或者「你是一位卓越的領導」等空泛飄浮的話語，只能引起對方的猜疑，甚至產生不必要的誤解和信任危機。

● **二要合乎時宜，適可而止**

讚美的效果在於相機行事、適可而止，用一句古人的話來形容便是：「美酒飲到微醉後，好花看到半開時。」當別人正籌畫做一件有意義的事時，最初的讚揚能激勵他下決心做出成績，過程中的讚揚有益於對方再接再厲，事成之後的讚揚則可以肯定成績，爲對方指出進一步的努力方向。

● **三是「雪中送炭」勝過「錦上添花」**

俗話說：「患難見真情。」最需要讚美的不是那些早已功成名就的人，而是那些因被埋沒而產生自卑感或身處逆境的人。他們平時很難聽到一聲讚美的話語，一旦被人當眾真誠地讚美，便會爲之一振，說不定還能大展宏圖。因此，最有實效的讚美不是「錦上添花」，而是「雪中送炭」。

另外，讚美並不一定總用一些固定的詞語，見人便說「好……」有時，投以讚許的目光、做一個誇獎的手勢、送一個友好的微笑也能收到意想不到的效果。

4 讚美是一種感情的自然流露

讚美是上帝的福音，是拉近人與人之間距離的融合劑。因此，人們都認爲讚美必須用褒義詞儘量唯美地去誇讚。其實也不完全是這樣，讚美貴在自然，它要求的是一種感情的自然流露。只要你覺得能夠讓對方知道自己的敬佩之情，對方開心，自己也開心，那就足夠了。

你的朋友得了獎，你可以嬉皮笑臉地對他說：「這麼大的獎你分我一半好不好？」也可以開玩笑地說：「你再這麼風光下去，不是叫我沒臉活啦？」這種俏皮的稱讚方式使人顯得幽默，因此，在各個年齡階段都很受歡迎。

《紅樓夢》裡有這麼一段文字：

「這熙鳳攜著黛玉的手，上下細細打量了一回，仍送到賈母身邊坐下，因笑道：『天下真有這樣標緻的人物，我今兒才算見了！況且這通身的氣派，竟不像老祖宗的外孫女兒，竟是個嫡親的孫女，怨不得老祖宗天天口頭心頭一時不忘。只可憐我妹妹這樣命苦，怎麼姑媽偏就去世了！』說罷便用帕拭淚。」當賈母笑著讓她別再提及那些傷心話題時，「這熙鳳聽了，忙轉悲為喜道：『正是呢！我一見了妹妹，一心都在她身上了，又是喜歡，又是傷心，竟忘記了老祖宗。該打，該打！』又攜著黛玉之手，籲長問短，吩咐婆子們去準備房間。」

「熙鳳攜著黛玉的手」，可見其認真、親切，也是一種欣賞的方式；「上下細細打量了一回」，「用帕拭淚」，則極生動地展示了熙鳳對「妹妹」的疼愛。

有了動作，語言將變得更有力度。職棒教練迎接勝利投手時，通常使用握手及拍屁股的方式；迎接擊出全壘打的隊友則多採用捶頭的方式。可見多用動作、手勢，可以使語言更豐富多彩，更有感染力。

眼神的力量非常大，嘴上雖然不說，但嘴角的微笑就如同讚美「做得好」。這種讚美的方法，可讓對方感動，常會感到「辛苦有了回報」的滿足。

5 記住他的名字

記住對方的名字並把它叫出來，等於給對方一個很巧妙的讚美。而若把他的名字忘了或寫錯了，就會處於非常不利的地位。

吉姆法里從來沒有進過中學，但是在他四十六歲前，已經有四所學院授予他榮譽學位，並且他還成了民主黨全國委員會的主席、美國郵政總局局長。

他成功的秘訣在哪裡呢?原來，他有一種驚人的本領——記住別人的名字。

一次，卡內基去訪問他，向他請教：「據說您可以記住一萬個人的名字。」

「不，您弄錯了。」他說，「我能叫出五萬個人的名字。我在為一家石膏公司推銷產品的時候，學會了一套記住別人名字的方法。」

吉姆說，這是一個極其簡單的方法。他每當新認識一個人，就問清楚他的全名、家裡的人口，以及幹什麼行業、住在哪裡。

他把這些牢牢地記在腦海裡。就是過去一段時間後，他依然能夠拍拍別人的肩膀，詢問他太太和孩子的情況。難怪有這麼多擁護他的人！

吉姆說：「記住人家的名字，而且很輕易地叫出來，等於給別人一個巧妙而有效的讚美。因為我很早就發現，人們對自己的姓名看得驚人的重要。」

或許，這就是吉姆法里成爲郵政局長的奧秘之一。他看到了人性的一個弱點：對自己的名字都非常重視，不少人拼命地不惜付出任何代價使自己的名字永垂不朽。

卡內基被稱為鋼鐵大王，但他自己對鋼鐵的製造卻懂得很少。他手下有好幾百個人，都比他瞭解鋼鐵，可是他知道怎樣做人處世，這就是他發大財的原因。

他小時候就表現出很強的組織才華和領導才能。早在他十歲的時候，他就發現人們對自己的姓名看得很重要，而他正是利用這個發現，去贏得了別人的合作。

他孩提時代住在蘇格蘭。有一次，他抓到一隻兔子，那是一隻母兔。

他很快又發現了一整窩的小兔子，但沒有東西餵牠們。於是，他想出一個妙法。他對附近的那些孩子們說，如果他們找到足夠的苜蓿和蒲公英餵飽那些兔子，他就以他們的名字來替那些兔子命名。

獲得別人好感的既簡單又重要的方法，就是牢記別人的姓名。善於記住別人的姓名，既是一種禮貌，又是一種情感投資。姓名是一個人的標誌，人們由於自尊的需要，總是最珍愛它，同時也希望別人能尊重它。在人際交往中，記住別人的姓名可謂小事一樁，但往往能收到超乎尋常的效果。所以你要想在交際場中贏得主動，就要熟記對方的姓名。

但是，每天都要面對很多的新面孔，要想記住別人的名字，委實有點困難，這裡面是有一定的技巧和方法的。

法蘭西國王拿破崙三世曾經說過，他可以記住他所見過的每個人的名字。是他的記憶力超群嗎？不是。那他用了什麼神奇的方法，以至於讓他可以記住他見過的不計其數的人的名字呢？

其實很簡單。如果他沒有聽清那個名字，會立即說：「十分抱歉，我沒有聽清您的名字。」如果對方的名字很生僻的話，他會向對方請教名字的拼寫方法。

還有，他在談話過程中，會不斷重複著對方的名字，並結合對方的外貌、言談等特徵，在心裡做一個輪廓式的記憶。

拿破崙則使用「以特徵來記憶對方名字」的方法。每個人身上都有特徵，比如身材特別高，是個彪形大漢，或者身體細長，像個電線杆；又或者雙目明亮，熠熠生輝；或細如鼠目，游離不定等。

除了相貌上的特徵，你還可以找出他在其他方面的特徵，比如說話的速度和語調以及手勢動作等。你把他的特徵記下來，同時與他的姓名連在一起，回去之後再花一點時間去強化一下，就自然會記得很熟了。

還有一個竅門，就是在和對方分開後，馬上用筆把他的名字和特徵寫下來，放在你的「檔案」裡，可以寫在筆記本上，也可以記在手機裡，這樣就不怕忘記了。

當然，你和別人交談的時候，不應該將你企圖想找別人特徵的想法表現出來，更不要因爲急於記住對方而忽視了你們之間的交談，這是得不償失的做法。所以，在你做這項「工作」的時候，態度要自然，不要露出失態之舉，所有的動作，只保留在你心裡就可以了。

此外，我們之所以容易忘記別人的名字，多數情況下是因爲沒有集中精力聽他們自我介紹。所以，當他人做自我介紹的時候，你應當全神貫注，讓對方覺得他的名字對你很重要。

在你記住了別人的姓名之後，就要學會應用。下次再和他見面交談的時候，抓住時機，喊一次他名字，試試看，看他是不是被感動了。

卡內基曾經說過：「一個人的姓名是他自己最熟悉、最甜美、最妙不可言的聲音，在交際中最明顯、最簡單、最重要、最能得到好感的方法，就是記住人家的名字。」

所以，記住別人的名字是你走向成功的第一步。可能會有人認爲這是小題大做，但不可否認的是，現代社會中人們希望被尊重、被承認的心態越來越強，使對方有被尊重的感覺，同時使自己贏得對方的好感。

你所要做的，只不過是記住一個名字──天底下沒有比這更簡單的事了！

6 好話留著背後說

《紅樓夢》中有這麼一段描寫：

史湘雲、薛寶釵勸賈寶玉作官為宦，賈寶玉大為反感，對著史湘雲和襲人讚美林黛玉說：「林姑娘從來沒有說過這些混帳話！要是她說這些混帳話，我早和她生分了。」湊巧這時黛玉正來到窗外，無意中聽見賈寶玉說自己的好話，「不覺又驚又喜，又悲又嘆」。結果寶黛兩人互訴肺腑，感情大增。

在林黛玉看來，寶玉在湘雲、寶釵、自己三人中只讚美自己，而且不知道自己會聽到，這種好話就不但是難得的，還是無意的。倘若寶玉當著黛玉的面說這番話，多心的林黛玉也許非但不領情，還會覺得寶玉在嘲笑自己，即使領情了，效果也沒這麼好。

做人做事有這樣一條規則：判斷別人時，你自己也被別人判斷。一個經常說別人壞話，挑別人短處，指責別人錯誤的人，只會讓人感到其愛挑剔而難於與其相處，讓人感到其品質惡劣而對其厭煩。如果你總是認為這個也不好，那個也不行，人人都有問題，那麼只能說明你自己不善於與人相處，自己有問題。別人正是通過你對別人的判斷，來判斷你的為人。

喜歡聽好話是人的天性。當來自他人的讚美使其自尊心、榮譽感得到滿足時，人們便會情不自禁地感到愉悅和鼓舞，並對說話者產生親切感，這時彼此之間的心理距離就會因一句好話而縮短、靠近，自然就爲交際的成功創造了必要的條件。

在背後讚揚別人，能極大地表現說話者的「胸懷」和「誠實」，有事半功倍之效。假借別人之口來讚美一個人，可以避免因直接讚美而導致的吹捧之嫌，還可以讓對方感覺到他所擁有的讚美者爲數眾多，從而在心理上獲得更大的滿足。

有時，我們爲了取得他人的好感，常常會讚美對方一番。但如果直接說「你看起來還那麼年輕」之類的話，不免有奉承之嫌。如果換種方式來說：「你真漂亮，難怪某某一直說你看上去總是那麼年輕！」對方必然會很高興。通常，在人的觀念中，第三者所說的話總是比較公正、實在，因此，也更能得到對方的信任和好感。

背後讚美，最好力爭「第一次發現」，你所發現的對方的特色、潛能、優勢，最好是別人誰也沒有發現，甚至是他自己也沒有發現到的。這樣你的讚揚更容易被流傳出去，而且也會令當事人恍然大悟，瞬間增強自信，從而對你產生好感。

背後讚美也要與對方的內心好惡相吻合，他自己認為是缺點，內心極為厭惡，或者別的人也不覺得這是怎麼值得讚美的，但卻被你背後誇獎吹捧——結果傳到他耳朵裡的時候，往往變成了是故意諷刺，那你的讚美就適得其反。這也不能怪人家，誰叫你說得這麼離譜，讓聽到的人都覺得不真誠，更別提當事人了。

所以，一定要尋找對方最希望被讚美的內容，各人有各人優越的地方，有自知優越的地方，他們固然盼望得到別人公正的評價，但在那些還沒有自信的地方，尤其不喜歡受到人家的恭維。

如果怕說錯話，不如來個「背後的背後」，可以引用他人的評價，對當事人加以讚美：「我聽說，這人是一位有名望的作家……」「我不認識這位企業家，但是我的老朋友經常誇獎他，我相信朋友的眼光不會錯……」這樣雖然費勁一點，但是證明你對當事人的成就、聲譽是費了功夫打聽來的，對方會欣然接受你的讚美，還會覺得你是個真誠的人。對你開拓人脈，尋找貴人也不無好處。

7

見人減齡，遇貨添錢

人總是喜歡被讚美，無論是與朋友還是與客戶交談，都不妨多談談對方的得意之事，這樣容易贏得對方的認同。

讚美的話語是一把雙刃劍，能增進人際交往中的人際關係，但過分的讚美，就會被認爲你過於虛僞或別有用心，你也因此會受到鄙視，影響你和他人的正常交往。

我們在讚美他人的時候，應該針對其過去的事蹟、行爲或身上的優點等，即對具體事物做適當的讚美。如果你對對方說：「你真是好人啊！」你的讚美也許同樣是發自肺腑的，但在初次見面的短時間內，你的判斷理由又是什麼呢？因此你的讚美便可能引起對方的懷疑和戒心。但若是誇獎對方的事蹟或行為情況就不同了。因為對既成事實的讚美與交情的深淺沒有太大關係，對方也比較容易接受。比如對方是女性，那麼她身上的衣服與首飾，便是我們讚美的最好題材。

知道了這樣讚美的效用後，與其毫無準備地面對一個初識的人，不如先準備好讚美的材料。對方往往會因為你的一句讚美而毫無保留地打開心扉，與你成為朋友。

任何讚美的話都要切合實際。到別人家做客，與其亂捧一場，不如讚美房子佈置得別出心裁，或讚美一個盆景的精巧，或讚美裝飾的精緻，注意欣賞他人的愛好與情趣。主人愛養花，你應該去讚美他所養的花草，要比說上無數空泛的客氣話有效得多。

下面教你兩個最基本的讚美方法。

●誇人減齡

芸芸眾生中，每個人都希望自己永遠年輕，因此成年人對自己的年齡非常敏感。

由於人普遍存在怕老心理，所以「誇人減齡」就成了討人喜歡的說話技巧。這種技巧在於把對方的年齡儘量往小了說，從而使對方覺得自己年輕，養生有術等，產生一種心理上的滿足。比如一個三十多歲的人，你說他看上去只有二十多歲；六十多歲的人，你說他看上去只有四五十歲，這種說法對方是不會認爲你缺乏眼力，對你反感的，相反，他會對你產生好感，形成心理相容。

●遇貨添錢

遇貨，就是購買物品。買東西是再平常不過的日常行爲。在我們的心中，能用「廉價」購得「美物」，那是善於購物者所具有的特質，那是精明人的一種象徵，雖然我們不會也不可能都是精明購物者，但我們還是希望我們的購物能力得到別人的認可。因此，當我們買一件物品花了五十元，別人認爲只需三十元時，我們就會有一種失落感，覺得自己不會買東西；但當我們花了三十元，別人認爲需要五十元時，我們則有一種興奮感，覺得自己很會買東西。由於這種購物心態的存在，「遇貨添錢」這種說話方式也能打動人心。

甲買了一套款式不錯的西服，乙知道市場行情，這種衣服兩三百元完全可以買下。但在品評時故意說：「這套西服不錯，恐怕得六七百元吧？」

甲一聽笑了，高興地說：「老兄說錯了，我一百六就買下啦！」

這裡乙的說法就很有技巧性，在他不知道甲花了多少錢買下這套衣服的情況下故意說高衣服的價格，使對方產生成就感，當然也就能使對方高興。

遇貨添錢法能討得對方歡心，操作起來也簡單，對其價格高估就行了。當然「價格高估」也需要注意，一要對物價心裡有底，二不能過分高估，否則收不到好的效果。

8 不忽略每一件值得讚美的「小」事

你瞭解你周圍的每一個人嗎？他們具備哪些長處和短處你知道嗎？你每天有沒有察覺到周圍的一些細微變化呢？你是否看到別人哪怕是一丁點兒的改變呢？

很多人都精通讚美之詞，但是，大多數人卻不願在小事上讚美別人，認爲只有遇到重大事件時，才有讚美的必要。

出現這樣想法的首要原因就是因爲人與人之間的分工不同，責任不同，使人們認爲別人所做的事、所取得的成績都是分內之事，是「應該」的，沒有讚美的必要。在這種心理驅動下，很多人都不能正視別人的小成績。還有些人是胸懷「治國濟天下」的「大志」，但卻眼高手低，對眼前的「小打小鬧」不以爲然，認爲那些事很普通，沒什麼了不起，小菜一碟，這些態度都是因爲我們不懂得讚美的分寸。

如果單純就小事而論，它的確沒有相當重要的意義，但如果我們用辯證法的觀點去考察，就會發現一件小事往往會引發大事，幾件小事累積在一起，就可能產生出人意料的事。

一位巡警在巡邏時發現倉庫門口的滅火器壞了，及時告訴了總經理。總經理很快就讓相關人員更換了新的滅火器，此後誰也沒有將這件事放在心上。

然而半年後的一天，庫房因電線短路突然起火，幸好滅火器能使用才及時撲滅。

忙亂中，總經理首先想到的就是那位細心的巡警。如果他沒有發現滅火器壞了，就不能及時更換，現在也無法使用，那麼庫房可能就完了，公司也保不住了。於是，總經理讚美了這位巡警，並代表公司向他致謝，號召全體員工向他學習。

千里之堤，潰於蟻穴，一滴水珠都可以拯救沙漠中的迷路者，可見小事不可小視。

要學會讚美別人，改善你的人際關係，就要學會從小事開始讚美別人，做一個有心之人，善於發掘讚美的材料，看到小事背後的重大意義。小事需要發掘，需要加工，如此才能產生神奇的效果。如果你沒有一雙識別它們的慧眼，它可能就會永遠被埋在瑣碎之中。

實際上，我們的生活就是由無數的小事和有數的大事組成。如果我們只是睜大眼睛注視大事，忽略小事，那麼你是否發覺生活在很大程度上是空虛的呢？相反，如果我們都能去關注發生在自己周圍的一些小事，去發掘一滴水中的世界，那麼在彼此的讚美聲中，我們所獲得的就是世間蕩漾著的溫情。

不過，讚美別人也不是張張口，說說好話就能達到目的，尤其是在讚美一些小人物、小事件時，更要有一個分寸。高帽儘管好，可尺寸也要合乎規格才行，濫戴過重的高帽只能適得其反。如果別人發現你言過其實時，常常會因此感到自己受到了愚弄。所以不去恭維，也不要誇大無邊。

讚美人的方式各種各樣，而且是千變萬化，甚至在嬉笑怒罵間都能收到出奇的效果，從而增進朋友間的友誼，獲得良好的人際關係。而要達到期望的目的，就要於細微之處下工夫，不忽略身邊每一件值得讚美的小事。

第六章

幽默的話，點到就行了

文學家契訶夫說：「不懂得開玩笑的人是沒有希望的人！這樣的人即使額高七寸、聰明絕頂，也算不上真正有智慧。」

1

雞蛋在這裡並不稀有，國王才稀有

爲什麼只要卓別林一露臉、一張口、一舉手、一投足，立即就能把人們的心弦撥動，使千萬人爲之捧腹、爲之噴飯、爲之傾倒？這神秘的奧妙之處就在於：他的一言一行、一舉一動都充滿了啓人心智、令人愉悅的幽默。

如果在講話中適當地、恰如其分地插入笑話，則能起到很好的說服效果。

一次世界大戰期間，有人向美國總統建議，他有一個良策可以一舉結束第一次世界大戰。他說：「在我看來，我們目前面臨的問題，完全是由於德國U型潛艇不斷擊沉我們的商船造成的。我建議，我們想個辦法把整個大西洋燒開鍋。這樣，當大西洋的海水溫度太高而使德國潛艇無法繼續躲在海底的時候，它們就不得不浮出海面。而當它們真的冒出來的時候，我們可以以逸待勞，在海上張開羅網將它們一一擒獲，就像我們在打獵季節捕獲獵物那樣。」

當美國總統詢問這個人有什麼辦法把大西洋加熱時，這個人的回答是：「當然，這事交給技術人員去辦就好了。我只負責制定政策。」

在說服過程中，我們隨時可能遇到不同性格、不同背景的人，我們需要和他們溝通交流，要說服他們認同你的觀點，要說服他們購買你的商品，要說服他們放棄某些危險的行爲等，所有這一切都需要幽默。

英王喬治三世有一天到鄉下打獵，中午感覺肚子有些餓，就到附近的一家飯店點了兩個雞蛋充饑。

吃完雞蛋，店主拿來帳單。喬治三世看了一眼帳單，憤怒地說：「兩個雞蛋要兩英鎊！雞蛋在你們這裡一定是非常稀有吧！」

店主畢恭畢敬地回答：「不，陛下，雞蛋在這裡並不稀有，國王才稀有。雞蛋的價格必須和您的身分相稱才行。」

喬治三世聽完後不由得哈哈大笑，爽快地付了賬。

店主幽默的言辭，不但沒有惹怒英王，反而獲得了不少的收入。

在說服的過程中，對方可能出於對你的不滿，直截了當地指責或批評你，這時不到萬不得已，不要針鋒相對地反指責、反批評。因爲那樣，雙方很可能由於面子的關係，演變成一場唇槍舌劍，從而導致關係的破裂，說服也就無從談起。這個時候，完全可以用上你的幽默。

2 幽默就像抓癢：不輕不重、不多不少

幽默就像抓癢，要不輕不重。抓輕了，不癢，沒有效果。抓重了，不是癢，是痛，得到反效果。抓得不是時候，對方不但不癢，還可能冒火。所以懂得幽默的人，絕不是只耍耍嘴皮子、編編黃段子或損損人，而是知道認清對象、把握機會、製造氣氛，再「不輕不重、不多不少」地帶動情緒，進而化解尷尬場面的人。

某公司舉辦的滅蚊劑產品展售會上，幾位年輕的行銷人員用專業術語詳細地向消費者介紹了產品的性能、使用方法等。

在回答消費者提出的問題時，他們對答如流，幽默風趣，給消費者留下難忘的印象。

消費者問：「你們的產品真像廣告上說的那麼好嗎？」

銷售人員立即答道：「您用過就會發現它比廣告上說的更好。」

消費者又問：「你敢保證這種滅蚊劑能把所有的蚊子都殺死嗎？」

銷售人員馬上笑著回答：「不敢，在你沒打藥的地方，蚊子照樣活得很好。」

這句玩笑話使人們愉快地接受了他們的推銷，展售會大獲成功，產品銷量大大超過往次，更重要的是，產品品牌的知名度得到了提高。

在公司召開的總結會上，經理特別強調，是銷售人員的妙語如珠才讓這次展銷如此成功。他要求公司全體人員都應像銷售人員那樣，在「說話」上下一番工夫，既能提升自己的語言魅力，也能提升公司的整體形象。

英國思想家培根說過：「善談者必善幽默。」幽默的魅力就在於：話不需直說，但卻讓人通過曲折含蓄的表達方式心領神會。

「二戰」結束後，英國首相邱吉爾到美國訪問。當記者問他對美國的印象時，邱吉爾回答道：「報紙太厚，廁紙太薄」。一句話讓記者們哄堂大笑。

幽默能表達人與人之間的真誠友愛，能溝通心靈，拉近人與人之間的距離，填平人與人之間的鴻溝，是有望和他人建立良好關係的不可缺少的東西。尤其當一個人要表達內心的不滿時，如果能使用幽默的語言，別人聽起來也會比較順耳。

當一個人需要把別人的態度從否定改變到肯定時，幽默是最具說服力的語言。當一個人和他人關係緊張時，即使在一觸即發的關鍵時刻，幽默也可以使彼此從容地擺脫不愉快的窘境或消除矛盾。

如果說語言是心靈的橋梁，那麼幽默便是橋上行駛最快的列車。它穿梭在此岸與彼岸之間，時而鮮明時而隱晦地表達著某種心意，並以最快捷的方式直抵人的心靈，提升幽默者在對方心中的分量。

我們輕鬆幽默地開個得體的玩笑，可以活躍氣氛，營造出輕鬆愉快的氛圍，因而幽默的人常常受到人們的歡迎與喜愛。但是，玩笑一旦開得不好，幽默過了頭，效果就會適得其反。因此掌握幽默的分寸是非常重要的。

要想幽默得體，你需要注意下面幾個問題：

●幽默內容要高雅

幽默的內容取決於幽默者的思想情趣與文化修養。幽默內容粗俗或不雅，有時也能博人一笑，但過後就會讓人感到乏味無聊。只有內容健康、格調高雅的幽默，才能給人以啓迪和精神享受，而且也是對自己美好形象的成功塑造。

幽默態度要友善

幽默的過程，是感情互相交流傳遞的過程。如果借幽默來達到對別人冷嘲熱諷、發洩內心厭惡和不滿感情的目的，那麼這種玩笑就不能稱爲幽默。當然，也許有些人不如你口齒伶俐，表面上你占到上風，但別人一定會認爲你不夠尊重他人，以後也不會願意和你繼續交往。

幽默要分清場合

美國總統雷根在一次國會開會前，爲了試試麥克風是否好用，張口便道：「先生女士們請注意，五分鐘之後，我們將對蘇聯進行轟炸。」

一語既出，眾皆譁然。顯然，雷根在不恰當的場合和時間裡，開了一個極爲荒唐的玩笑。爲此，前蘇聯政府對美國提出了強烈的抗議。

可見，在莊重嚴肅的場合裡幽默一定要注意分寸。

●幽默也要分清對象

我們身邊的每個人，因爲身分、性格和心情的不同，對幽默的承受能力也有差異。同樣一個玩笑，能對甲開，不一定能對乙開；能對乙開，卻不一定也能對甲開。

一般來說，晚輩不宜同前輩開玩笑；下級不宜同上級開玩笑；男性不宜同女性開玩笑。在同輩人之間開玩笑，也要注意對方的情緒反應和性格特徵。如果對方性格外向，能寬容忍耐，幽默稍微過大也無妨；若對方性格內向，喜歡琢磨言外之意，幽默就要慎重了。對方儘管平時生性開朗，但若恰好碰上不愉快或傷心之事，就不能隨便開他玩笑。相反，對方性格內向，但正好喜事臨門，此時與他開個玩笑，幽默的氛圍也會一下子突現出來。

3 美式幽默

美國喜劇電影中層出不窮的幽默元素讓電影院充滿了歡笑。代表作有《功夫熊貓》（KungFu Panda）、《史瑞克》（Shrek）等。如果在適當的時機使用美式幽默，必可收畫龍點睛之效。

第一：冷笑話

「後天其實是明天？」

「為什麼？」

「因為今天是昨天。」

一位警官從前是個商人，有人問他做生意和當警察有何不同。

他回答：「做生意，顧客永遠是對的；當警察，顧客永遠是錯的。」

第二：善用文字趣味

一家專做隆乳豐臀的醫美診所廣告是：「只要你進來，沒有什麼『大』不了的。」

第三：睿智幽默

一位私人診所的醫生準備出國度假，便讓剛從醫學院畢業的兒子來頂一個月。

一個月後醫生從國外度假回來，問兒子情況如何。

兒子得意地說：「我把您治了十年都沒醫好的那個心臟病人徹底治好了。」

不料，父親聽了破口大罵：「混蛋！你也不想想，你這些年讀醫學院的學費是怎麼來的！」

第四：善意諷刺

一間酒吧的牆上寫著：「男人來喝酒通常有兩個原因：家裡沒有老婆，或是家裡已經有了一個。」

第五：黑色幽默

飛往賭城的班機即將抵達目的地，廣播中傳來機長的聲音：「拉斯維加斯快到了，請大家繫好安全帶。」接著，又補充一句：「也繫好您的錢包。」

有時因爲國情的不同，「幽默」也會弄巧成拙。

故事發生在一個小飯館裡。

一位客人點了一隻雞。當菜上來後，發現雞的做法和平時不一樣，感覺好像是不同的雞塊拼湊而成的，於是客人問服務員：「我怎麼發現這雞的兩條腿一條長一條短呢？」

服務員調侃說：「先生，您到底是來吃雞的，還是來和雞跳舞的呢？」

客人聽後怒不可遏，認為這是在侮辱他，於是找來餐館經理，大鬧了一場。

幽默有個前提就是，你要瞭解自己，知道自己的身分，還要弄清楚自己是否是一個具有幽默秉賦並能靈活運用的人。如果不瞭解這一點，只是憑自己的興致，不分場合地去說一些自認爲是十分有趣的笑話或是幽默，是不會收到良好的效果的。如果你的幽默與當時的形勢以及場合極不協調，周圍的人可能對此是不屑一顧，在很多的時候還往往會引起別人的反感，甚至被人視爲是侮辱。

身分對於幽默很重要，對於身分高的人來說幽默是非常容易的，因爲可以憑藉自己的身分來輕鬆地幽默。但是，身分地位低的人在面對地位高的人的時候，幽默就不是容易的事情了，身分低的人要經常用自嘲的方式來幽默，這比其他的形式更好。

在積累幽默素材的過程中，我們不能總是依賴現成的幽默素材來表現幽默，如果這樣做就能算作幽默家的話，也就把幽默看得太簡單太輕而易舉了。想成爲真正的幽默家，需要頭腦靈活，反應敏捷，知識豐富，閱歷廣泛，熱愛生活，口才卓越。這比只是運用現成的小幽默故事要難得多，但產生的實際效果也比其強得多，能充分地展現一個人卓爾不凡的交際風采。

積累幽默的素材，創造生活中的幽默，最最重要的就是要細心地觀察生活，體味生活。因爲，所有的幽默都是來自生活，是生活的結晶。只要你對生活多留心，多去體悟，你就會發現生活本身就是幽默的。你的幽默也才會非常自然，非常恰當，而不是顯得做作。

用過於嚴肅的態度生活，難免太沉重。人生不如意事十之八九，若總是唉聲歎氣，生活必然一片灰暗。如果換一種心態，調侃一下生活，就會顯得詼諧幽默，大度自然，每天都會很陽光、很光明，充滿希望和快樂。會調侃的人懂得如何給生活添加佐料，受到不公平待遇也會泰然處之，即使心情鬱悶，也能通過開玩笑的方式給別人傳達某種資訊，實質上這種人熱愛生活，大智若愚，充滿了人格魅力，現實生活中會得到眾多朋友的喜愛，因此成功的機會自然比一般人多。

4 幽默不是惡搞，別賠了夫人又折兵

幽默不是惡搞，不是簡簡單單逗人一樂。幽默要機智、用心，還要有一點點灑脫和大度。只有能靈活駕馭幽默的人，才會爲語言增加色彩，提高自己的吸引力和風度。但如果不切合場景，只學會幽默的皮毛，卻抓不住幽默的實質，反而會弄巧成拙。

多準備一些幽默的原料

很多人都知道幽默的作用，也非常想成爲一個幽默的人，但總是覺得自己沒有幽默細胞，沒辦法做到談笑風生。其實，幽默不是與生俱來的，這需要生活環境的薰陶和後天的培養。要做到在說話或演講中幽默自如、遊刃有餘，就要提前準備好幽默素材。

英國前首相狄斯雷利有一次演講得十分成功，妙趣橫生。有個年輕人向他祝賀說：「您剛才那席即興演說真是太棒啦！」

狄斯雷利回答道：「年輕人，這篇即興演說稿我準備了二十年。」

二十年未免誇張了些，但狄斯雷利告訴了演講者一個道理——你要發表一個成功的演說，要想和聽眾打成一片，就要花時間去收集一些笑話、故事、趣聞或妙語，這些幽默的佐料會使你進入他們的興趣和思想之中。

任何偉大的即興演說家，都是通過這種努力獲得成功的。他們一旦上了台，就會妙語連珠，使聽眾如癡如醉。所以，要想成爲一個幽默的人，就要在平時多細心積累幽默的素材。如果在你的腦海裡，熟練地記著幾百個幽默笑話，你隨口就能說出來，怎麼可能會不幽默呢？

那麼，我們在日常的生活中該怎樣去積累幽默的素材呢？可以從我們自身或者身邊的事物裡來找素材。這樣你就會發現自己是一個十分幽默的人。

5 嘲弄他人是缺德，嘲弄自己是美德

隨著年齡的增長，人會逐漸成熟。成熟過程中，反觀以前的作爲，常常不免覺得好笑，但在當時，卻很偏執，身在局中，執迷不悟，目光短淺，心胸狹窄。當心智的純熟足以覺悟到自己的可笑時，

對人生幽默的情懷就油然而生了。

孔子到了鄭國，與弟子們失散了。孔子獨自站在城郭東門。鄭人對子貢說：「東門有個人，長得奇形怪狀，模樣好像喪家之狗！」

子貢就把這話告訴了自己的老師，孔子欣然笑說：「說我像喪家之狗，是這樣的啊，是這樣的啊！」

一代宗師竟讓人當著學生的面被罵作「喪家之狗」卻樂哈哈地接受下來，這就是偉人的氣度。

一個人如果能夠嘲笑自己，大抵也可以察覺到別人的可笑。當你心胸開闊時，便會發現那些蠅營狗苟之徒的表演實在是可笑之至。這正是：開口便笑笑天下可笑之人了。

凡人都有自尊心，有的人自尊心強烈而敏感，因而也特別脆弱，稍一觸及便有反應，輕則拉下臉來，重則立即還擊，結果常常是爭了面子沒面子，善於自嘲者的自尊心就臉皮厚得多，輕易傷不著。你說我是混蛋，我說不勝榮幸，你還說什麼呢？

自嘲不是自貶和怯懦，而是一種瀟灑的自尊，大度的情懷。人際場上、官場上、生意場上，自嘲是保持自尊的武器，即使真的偶遇尷尬事，自嘲一句便可找到臺階下。

自嘲被稱為聰明人駕馭語言藝術的最高境界，能自嘲的人必是智者中的智者，高手中的高手。

自嘲是缺乏自信者不敢使用的技術，因為它要你自己罵自己。也就是要拿自身的失誤、不足甚至生理缺陷來「開刀」。

為博人一笑，自嘲的人對自己的醜處、羞處不予遮掩、躲避，反而把它放大、誇張、剖析，然後巧妙地引申發揮、自圓其說。沒有豁達、樂觀、超脫、調侃的心態和胸懷，是無法做到的。

可想而知，自以為是、斤斤計較、尖酸刻薄的人難以望其項背。

自嘲誰也不傷害，最爲安全。你可用它來活絡談話氣氛，消除緊張；在尷尬中自找臺階，保住面子；在公共場合獲得人情味。

自嘲，是一種幽默的說話方式，一種幽默的生活態度，一種心理調節的方式，一種人生智慧的表現。

自嘲，是宣洩積鬱、製造心理快樂的良方，當然也是反嘲別人的武器。

學會自嘲，你就會擁有一個平穩、健康的心理，一副健康的體魄。

自嘲者，必定熱愛生活，有生活情趣。如果不熱愛生活，誰會去發現自己的可笑之處，怎麼會覺得這可笑之處可笑，又怎麼會將這可笑之處講出來呢！不熱愛生活的人，不會去找樂子，更不會在自己身上找樂子，他只會在別人身上找樂子來滿足自己。

對我們來說，嘲笑自己的醜，或笑自己做得不很漂亮的事情，會使我們更具有親和力。

嘲弄他人是缺德，嘲弄自己是美德。一個會自嘲的人，往往是一個富有智慧和情趣的人，也是一個勇敢和坦誠的人，更是一個將自己上上下下、裡裡外外看得很明白的人。

在社交中，當你陷入尷尬的境地時，借助自嘲往往能使你從中體面地脫身。

在某俱樂部舉行的一次招待會上，服務員倒酒時，不慎將啤酒灑到一位客人的頭頂上，而這位客人正好有點禿頭。服務員嚇得手足無措，全場人目瞪口呆。

這位客人卻笑笑地說：「老弟，你以為這種治療方法會有效嗎？」

在場的人聞聲大笑，尷尬局面即刻被打破了。

這位客人借助自嘲，既展示了自己的大度胸懷，又巧妙化解了現場的尷尬。

自嘲是一種鮮活的態度，它可以使原本很沉重的氣氛剎那間變得輕鬆無比，會讓別人砸過來的重拳落在棉花上。智者的金科玉律便是：不論你想怎樣笑別人，先那樣笑你自己，這樣還能拉近與別人的距離。

幽默的情懷從某種程度上講是一個健全人格的表現，生活中的甜酸苦辣，得失寵辱，都可以付諸一笑，該是多麼博大的胸懷，如果一個人過於現實，老於世故，就很少有幽默感了。

6 對方很可能被你「笑化」

笑能緩解當前尷尬的局面，讓對方不忍拒絕，在此基礎上施展你的口才，往往能達到目的。

海耶斯是美國著名的演說家。他一直記得三十年前，當他還是一個緊張兮兮的實習推銷員時推銷收銀機的情景：

一位老練的前輩帶我來到我們的目的地。我們走進一家小商店，向老闆講明我們的來意。誰知，老闆一聽，大叫道：「我們對收銀機沒興趣！」

此時，那位前輩就靠在櫃檯上咯咯笑了起來，彷彿他剛聽到世界上最好笑的故事一樣，店裡的人都奇怪地看著他，包括我。

過了一會兒，那位前輩直起身子，微笑著道歉說：「我忍不住要笑，是因為你令我想起另一家商店的老闆，他也說他沒興趣，後來他成了我們最好的主顧之一。」

隨後，這位熟練的前輩繼續很認真地展示他推銷的貨品。每一次老闆表示對這種收銀機沒興趣時，這位前輩就把頭埋在臂彎裡咯咯地笑。然後他抬起頭來，又說一個故事，說的同樣是某人在表示不感興趣之後，買了一台新的收銀機。

在這個過程中，大家都在看著我們。我當時窘得要死。我想：「別人肯定會認為我們是一對瘋子，他們一定會馬上趕我們走的，或者直接把我們送到瘋人院裡去。」

但是，那位前輩卻全然不顧這一切，只是繼續做著自己的事：咯咯地笑，把頭埋進臂彎裡，抬起頭，講出另外一個有趣的（他自己認為的）事。

但是，奇怪的事情發生了。不一會兒，我們搬進來一台新的收銀機，然後，這位前輩以行家的口吻向老闆詳細認真地講解了收銀機的用法。您猜怎麼著？老闆買了下來。

而在整個過程中，我一直在擔心我們會被掃地出門。這樣的結果，實在是出乎我的意料。

在這個例子中，那位前輩之所以能夠說服老闆，就是利用了笑的力量。在老闆的每一次拒絕中，他都會咯咯地笑，在笑聲中，老闆不忍心趕他們走，於是他就有機會繼續說下去。只要有這種機會，就會有成功的機會。因此，他用笑聲一次次地爭取了機會，並最終取得了勝利。

對付軟磨硬泡中的尷尬，笑聲和幽默是最好的潤滑劑。有句俗話說的是「伸手不打笑臉人」，只要你能夠笑、會笑，受纏者很難跟你翻臉，而這會使你得以繼續「泡」下去。

人們大都會對帶著笑臉的人有一份莫名的好感。明朗快樂的臉可以讓人有安全感；陰暗的臉色，總會給人一種疑惑感、嫌惡感、威嚇感。因此，我們應該時刻注意自己是否是一副明朗的表情，可能的話，總是讓自己有一副明朗的笑臉。如此下去，對方很可能被你「笑化」，改變自己的初衷，答應你的請求。

7 幽默沒深度，不如不開口

有人說，幽默的作用就是活躍氣氛，不管說什麼樣的話，只要能使人發笑就算達到目的了。因此，他們在製造幽默的時候，常常說一些很膚淺、陳舊的笑話。也有一些人，由於受教育程度與生活環境的影響，也總是拿一些低級趣味當做自己的幽默方式。這些幽默的方式，不能說大錯特錯，但往往難以達到最佳目的；即使達到了目的，也會給人留下膚淺甚至言語隨意的印象。

要知道，幽默不是毫無意義的插科打諢，也不是沒有分寸的賣關子、耍嘴皮。要成爲一個善於使用幽默的人，必須要有一定的素質與修養。

魯迅先生講話生動幽默。一次，幾個朋友談起一個官僚下令禁止男女同在一個學校上學、同在一個游泳池裡游泳的事。

魯迅說：「同學同泳，皮肉偶爾相碰，有礙男女大防，不過禁止之後，男女還是一同生活在天地中間，一同呼吸著天地中間的空氣。空氣從這個男人的鼻孔呼出來，被另一個女人的鼻孔吸進去了，淆亂乾坤，實在比皮肉相碰還要壞。要徹底劃清界限，不如再下一道命令，規定男女老幼，諸色人等，一律戴上防毒面具，既禁止空氣流通，又防止拋頭露面。這樣，每個人都是……喏！喏！」

魯迅先生邊說邊站起來，模擬戴著防毒面具走路的樣子，朋友們笑得前仰後合。

可見，有深度的幽默不僅能夠達到最佳的喜劇效果，還能顯示出說話人的個人魅力。

把幽默說得有深度一些，其好處還在於，在旁人做出令自己不悅的事情時，如果不方便開口直接指出，則可以通過意味深長的幽默來達到提醒或者回應他人的目的。

一位主人以包子作為主食招待客人，客人中有個小夥子吃包子時，肉汁「嗤」的一聲濺了出來，正好濺在旁邊一位中年人的衣服上。小夥子看著中年人，不知所措。女主人趕緊過來，要給中年人擦去，中年人笑著拒絕說：「等一等吧，他還沒吃完，可能還會濺過來。」

在別人將油膩的湯汁濺到自己的衣服上時，中年人當然會有不悅的情緒。但是當著眾人的面發怒自然不妥。因此就以「可能還會濺過來」作為拒絕女主人為自己擦拭湯汁的理由，略略表達了自己的不滿，也化解了尷尬的局面

由此可見，如果你的幽默能做到有深意、有新意，那麼不僅能夠起到活躍氛圍的作用，還能表現出自己的修養和人格魅力。

有深度的幽默是個人修養、才智的體現，它要求有較高的文化素養和較強的語言駕馭能力。一個人的語言修養高、知識豐富，他的幽默才會隨手拈來、得心應「口」，並且能表現一定的深意。

8 運用幽默進行管理

幽默作爲一種激勵藝術，在日常的交往中有著重要的作用。在富有幽默力的領導、主管周圍，很容易聚集一批爲他效力的員工，主管的幽默會化解許多尷尬，維護員工的自尊。

美國歷史上的許多重要人物，如林肯、羅斯福、威爾遜等，都是善於運用幽默藝術的代表。

有一次，林肯與一位朋友邊走邊交談。當他們走至迴廊時，一隊早已等候多時、準備接受總統訓話的士兵齊聲歡呼起來，但那位朋友還沒有意識到自己應退開。

這時，一位副官走上前來提醒他退後，這位朋友才發現自己的失禮，立即漲紅了臉，但林肯立即微笑著說：「白蘭德先生，你要知道也許他們還分辨不清誰是總統呢！」

就這麼一句簡單的話語，立刻打破了現場的尷尬氣氛。

人應該善待自己，善待他人，善待生活中的失敗、痛苦，甚至身體的缺陷，如果你換個角度去看，用有趣的思想，輕鬆的心態去對待，也許你的生活就會充滿亮色，你本來憂鬱的心情就會變得明朗。

運用幽默進行管理，管理者往往可以取得很好的效果。據美國針對一千多名管理者的調查顯示：百分之七十七的人在會議上以講笑話來打破僵局；百分之五十二的人認爲幽默有助於其開展業務；一些著名的跨國公司，上至總裁下到一般部門經理，已經將幽默融入到日常的管理活動當中，並把它作爲一種嶄新的培訓手段。

幽默還可以使人與人之間的關係變得融洽，使公司的內部矛盾得以化解。經濟的衰退使公司不得不面對裁員問題時，還可以利用幽默化解裁員過程中可能出現的各種風險。

人都喜歡與幽默的人一起相處，在西方，沒有幽默感的男人，簡直就是沒魅力、愚蠢的代名詞。幽默的主管比古板嚴肅的主管更易於與下屬打成一片。有經驗的主管都知道，要使身邊的下屬能夠齊心合作，就有必要通過幽默使自己的形象人性化，那麼怎樣才能使自己成爲一個幽默的主管呢？

博覽群書，拓寬自己的知識面顯然是必不可少的。知識積累得多了，與各種人在各種場合接觸就會胸有成竹，從容自如，培養高尙的情操和樂觀的信念。一個心胸狹窄，思想消極的人是不會有幽默感的，幽默屬於那些心寬氣明，對生活充滿熱忱的人。提高觀察力和想像力，要善於運用聯想和比喻。

作爲一名企業主管，要有意識地訓練自己對事物的應變能力。多參加社會交往，多接觸形形色色的人，增強社會交往能力，也能夠使自己的幽默感增強。幽默作爲管理者的一種優美、健康的品質，恰如其分地運用，會激勵員工，使之在歡快的氛圍中度過。

在漫長的人生道路上，每個人都難免會與逆境狹路相逢。很多人畏懼逆境帶來的動盪和痛苦，但從長遠看，時常有些小挫折，倒是更能使人保持頭腦清醒，經受得住考驗，也更能磨礪人的意志。

幽默的人相信失敗是成功之母。失敗和成功在一定條件下是可以相互轉化的，正因爲曾經有失敗，所以才能在不斷地總結失敗的教訓後獲得成功。如果一個人一直都被成功包圍，那麼，偶爾一次小小的失敗對他來說可能就是一次相當殘酷的考驗，失敗可能就會如影隨形。

幽默中滲透著堅強的意志。有幽默感的人往往是一個奮力進取的弄潮兒。他們面對失敗的打擊，惡劣的環境，能夠以幽默的態度自強不息。

愛迪生就是一個善於以幽默的態度對待失敗而又不斷進取的人。

愛迪生在發明電燈的過程中，試驗燈絲的材料失敗了一千多次，總是找不到一種能耐高溫又經久耐用的好金屬。這時有人對他說：「你已經失敗一千兩百次了，還要試下去嗎？」

「不。我並沒有失敗。我已經發現一千兩百種材料不適合做燈絲。」愛迪生幽默地說。

愛迪生就是以這種驚人的幽默力量，從失敗中看到希望，在挫折中找到鼓舞。這就是這個偉大的發明家百折不撓、碩果累累的訣竅。有時候，面對失敗，我們的意志和信心可能會崩塌，而適時的幽默可以幫助我們避免這一點。

第七章

溝通的話，到位就讚了

管理者絕大多數都患有會議依賴症，
雖然他們不願意承認這一點，
但實際上他們很享受在臺上誇誇其談的感覺，
很享受發號施令的感覺。

不到萬不得已，絕不召開會議

管理者絕大多數都患有會議依賴症。他們甚至認爲開會可以增進自己和員工之間的瞭解，拉近彼此的感情。

請捫心自問，你患有會議依賴症嗎？

爲什麼絕大多數管理者都不願意問一問員工：「你喜歡開會嗎？」很多時候，人們都太自我了，完全沒有設身處地地考慮問題。但是，巴菲特勇敢地向員工們拋出了這個問題，得到的回應卻是長久的沉默。

巴菲特明白了，其實員工們在心底已經大聲地回答了——「不喜歡！」因爲如果他們喜歡，他們會毫不猶豫地告訴管理者。（記住，下屬的沉默代表著否定和不願意。）

於是，巴菲特給自己制定了一個原則：不到萬不得已，絕不開會。

美國企業管理專家邁克肯斯博士在他的一份研究報告中這樣指出：「要世界上任何一個企業經理人列出三項最花時間的企業活動，『開會』一定名列其中。在受調查的兩百多個企業中，有超過三分之一的受訪者認爲，他們花在會議上的時間有一半是浪費掉的。令人驚訝的是，很少有人能確切說出到底時間浪費在哪裡了。」

當你讓下屬們坐在會議室的時候，他們不得不停下手頭正在進行的工作，調整原定的工作計畫，甚至需要壓縮其他事項的時間預算……而這一切的犧牲換來的卻是一場毫無成效的會議。

如果這些人利用寶貴的時間來做其他更重要的事情，無疑會創造更大的價值。

無效的會議不僅浪費時間，而且是抱怨、矛盾的發源地。對於那些最終演變爲抱怨、爭吵的會議，你一定記憶猶新。缺失正確引導的會議只會讓人們內心的牢騷肆意蔓延、相互傳染，這樣的會議對問題的解決有害無益。

無效的會議嚴重削弱了組織的執行效率。眾所周知，會議是團隊溝通的最有效方式。如果這一方式無效，團隊之間將難以達成有效的溝通效果。溝通不到位，團隊的行動就不可能協調一致，團隊成員之間的合作就不可能順暢無阻。

2 與其說「可否幫忙」，不如說「你來負責這件事」

ＩＢＭ董事長就說過：「你的下屬絕對不會做你希望的事情，只會做你要求和監督的事情。」「小」上司若想搞定「大」下屬，可不是給足面子那麼簡單。面子當然要給，前提是下屬先把裡子做足。老闆之所以提拔你，至少證明你的能力比你的大下屬強一截。而你和下屬的相處方式，自然要以你爲主，而不是反著來。

如果你需要下屬配合完成一個目標，就必須明確提出你的要求和期望值。與其說「可否幫忙做某事」，不如說「你來負責這件事吧」。與其說「方案後天給我可以嗎」，不如說「我希望後天早上開會前看到方案，有困難嗎」。

許多管理者往往會碰到這樣的情況：安排員工一項任務，本以爲他有能力獨立做好這件事，誰知最後員工還是要靠自己的幫助才能完成工作，而且完成的結果也不如自己所期望的那麼好。

問題是出在員工那裡嗎？也許不是。

如果員工得到的指示是模糊的，他就得學會猜測別人的心思，揣摩出領導到底期望自己怎麼做。員工只有接收到了明確的資訊，才有可能真正對工作負責。作爲管理者，在剛開始安排任務時，就要向員工說明你期望他做什麼，做出什麼樣的結果。

結果。管理者應該讓員工知道你到底期望從他們那裡得到什麼。有時候，人們對相同的話有不同的理解。管理者在和員工討論期望的結果時，不要只使用抽象的字眼，還應用看得見、聽得見、摸得著的東西來描述它，以便讓員工真正理解你的意思。

尺度。告訴員工完成任務應該遵循的基本準則，給他們一個廣泛的可操作的尺度，即指導方針，並提醒他們要注意按照價值觀行事。當然，管理者不需要詳細講解完成任務的每條措施和細節，否則，員工不會真正感覺到被委以責任。

影響。管理者要向員工說明，他們的個人行為將會對實現整體的任務做出什麼樣的貢獻，完成或者沒有完成任務的影響或後果是什麼。員工在瞭解這些影響和後果後，就會開始爲完成任務付出努力。

資源。管理者要瞭解，員工有多少可用資源，包括物質資源、財務資源、人力資源和時間資源。在許多組織中，最寶貴的資源是時間，你對員工的最大幫助是多給他們一點時間完成任務。如果你不給予員工擁有完成工作所需的資源，那麼你其實是在使他們走向失敗。

負責。確定讓員工對任務負責。管理者要和員工討論，他們將在什麼時間、什麼地點，以及以怎樣的方式來向你彙報工作進展。管理者要注意的是，員工應該對結果負責，而不是對方法負責。他們具體用什麼方法完成任務由他們自己決定。

放手。在明確了這五件事情之後，管理者就要接受一個大考驗——放手，讓員工獨立完成任務。不要經常在背後監視別人，這不光有損信任，還會打擊別人的自信心。如果工作任務重大，你可以和員工一起，在任務的不同責任階段加以回顧。但是你一定要在開始工作之前，就和員工商定好要舉行這樣的會議。當員工需要你的時候，才應該出面助一臂之力，否則不應當干涉他的工作。

3 說業績不說方案，說硬數字不說軟指標

聘用員工，不僅僅是因爲員工知道做什麼，還要看到他們「怎麼做」。一個負責任的員工，應該知道，業績是企業的生命所在，幾乎每一個企業都把業績作爲自己企業文化的重要組成部分，同時把業績當作對員工的重要考核標準之一。

美國通用電氣公司的業績在其核心價值觀中，就佔有十分重要的地位，所以該公司也特別重視對員工進行這方面的培訓。剛進入公司的新員工，公司會在入職培訓時告訴他們，業績在通用公司的企業文化中佔有非常重要的地位。

在通用公司，所有員工無論來自世界名校還是不知名的學校，也

不論以往在其他公司曾經有過多麼出色的工作經歷，只要進入通用公司，就站在了同一起跑線上。

每個員工必須重新開始，從進入通用公司開始，衡量員工的就是他在通用公司的業績、對通用公司所作的貢獻，公司看重的是員工現在及今後的表現而非他過去的經歷。

所以對任何員工而言，一切必須以業績爲導向。績效是好員工的顯著標誌，沒有績效，再聰明的員工也會被淘汰出企業。

不要指望有什麼藉口可以替代業績，也別希望借助自身的其他優勢來「遮蓋」老闆對業績的追尋，只要你身在其位，業績就是你必然的選擇。

出色的業績，絕不是管理者口頭上說說，員工就能得到的，要吃櫻桃就要先栽樹，要想收穫，第一步就是付出。出色的業績需要靠員工在工作的每一個階段，能找出更有效率、更經濟的方法。在工作的每一個層面，找到提升自己工作業績的重點。

●讓員工積極改進

很多人由於對工作不太熟悉，只是一味地盲目服從老闆的命令。優秀員工不會這樣做，其實也不應該如此，優秀的員工從不把老闆的指令當做「聖旨」。比如，他們接到一項明確的任務，如果在老闆的指令之外，還有另外一條更好的途徑可走，他們會主動請示老闆，尋求積極改進。他們會運用推理和說服力，動之以情，曉之以理，闡述自己的看法，讓老闆相信：他會用一種更好的方法完成工作。

●讓員工學會主動請願

老闆有時會被公司事務纏得焦頭爛額，甚至手足無措，優秀的員工能夠明察秋毫，並且在適當的時機主動站出來，爲老闆解憂。特別是在工作一籌莫展，老闆迫切需要幫助的時候，他們不會像膽小者那樣袖手旁觀，而是積極挺身而出，危難時刻施以援手。

●訂立明確的業績目標

當今社會是一個充滿競爭、機遇與挑戰的社會，更是一個以績效論英雄的社會。在這種殘酷、壓力重重的環境中，每個公司只有時刻以業績的增長、競爭力的增加爲目標才能生存。而要達到這個目標，公司員工就必須與公司制訂的長期目標保持步調一致，而真正能做到「一致」的，只有那些主動進取、不斷上進的優秀員工。

主動進取的關鍵在於制訂富有挑戰性的績效目標。要想不斷提高自己的業績，光有敏感的業績觀是不夠的，還必須爲自己制訂具有挑戰性的績效目標。那些不斷取得出色業績的員工在與同事競爭的同時，重要的是他們在不斷地自我挑戰，超越自我，實現更高的目標。因此，富有挑戰性的目標對於提高業績至關重要。

做沒有目標的工作，不但時間會悄無聲息地溜走，而且慢慢會讓員工形成馬虎、應付了事的工作態度。

另外，沒有目標的激勵，工作效率也會降低。只有訂立了明確的業績目標，員工才會從思想上堅定自己擁有優異業績的信心，才會堅定全力以赴達成預定業績目標的意志，以至最終取得令人滿意的業績。

讓員工學會自我反省

除此之外，員工每天的自我反省、自我檢查也很重要，這讓他們在牢記要達成目標的同時還能實現自我完善。工作中經常會出現這樣的情況，一直在忙碌卻忘了目標，結果時間沒有了，等發覺時卻已接近最後期限，目標自然就無法達成了。

爲了保證目標的達成，同時能夠自我完善，員工每天記錄自己的成績並重中目標非常必要，只有這樣才能保持持續強勁的戰鬥力。

另外，在業績考評上，企業管理者必須注意：工作任務指標一定要數位化。千萬不要以「大幅度提升品牌市場影響率」、「大幅度提高員工積極性」爲考核標準，因爲這樣企業根本沒有辦法統計收益，而且對於員工而言產生不了實際的壓力。

4 關心所有人，也關注個人

很多管理者普遍面臨著這樣一個問題：面對自己的團隊，總無法指揮、協調好每一位下屬的工作。

管理者不但要做好自己的工作，還要花時間和精力去關照每位下屬，對此，大多數管理者都極爲苦惱。往往感到力不從心，顧得了這個人，就顧不了那個人，總有照顧不周的地方。

從《西遊記》裡挑一個事件作為我們的案例來分析。這次的案例是白骨精事件。相信大家都知道，三打白骨精事件中，唐僧和孫悟空產生了巨大的分歧，以至於孫悟空一怒之下返回花果山，直到唐僧遇難才再度出山。

唐僧是一種典型的完美型性格，在一般衝突面前，總是力圖避免出現人際關係緊張的狀況。完美型本來就寡言少語，感情很少外露，在精神緊張的時候他們會變得更加內斂，儘量回避與人接觸，儘量避免暴露自己的情緒。儘管唐僧對孫悟空多有不滿，卻始終採取克制的態度，因此當唐僧忽然變得如此強硬專橫，幾乎讓所有的人都大吃一驚。

從正常行為轉為衝突性行為，並不是一個人有意識的選擇，而是一種本能的防範性反應。由於這種防範性反應，當事人在行為上變得十分僵硬，不再像以前那樣，會根據人際關係的需要做出適當的調整，而是恰恰相反，會不顧別人的願望和感受，只圖自己情緒的宣洩和一時痛快，辦事容易走極端，說話也不顧後果，唯我獨尊，不肯退讓。

在白骨精事件中，我們發現豬八戒與孫悟空之間也產生了衝突。在正常情況下，活潑型性格的人總是喜歡營造一種輕鬆幽默的人際氛圍。當衝突發生之後，他們也會衝著對手謾罵、嘲笑，以發洩怒氣。如果他們無法衝著對手發火，他們就會另外尋找一個發火的對象。讓人奇怪的是，活潑型的人在大發雷霆之後，會立即感到一切如常，好像剛剛的事從來沒有發生過一樣。

白骨精事件發生之後，師徒四人之間的衝突可謂是前所未有的激烈。為了一個女人，不僅豬八戒肆意辱罵他的大師兄，唐僧也是一反常態，大念「緊箍咒」。我們無法知道沙和尚深藏不露的心理動態，究竟是支持師父，還是同情大師兄。

公共關係的確不是光靠一個善字就可以處理得好的。與人爲善固然不錯，但你能確保每次都對嗎？人非聖賢，孰能無過，身爲一個團隊的管理者或成員，有時候難免會遭遇白骨精的魔法，而不能明辨是非。

白骨精並不可怕，沒有必要那樣緊張。孫悟空三打白骨精的方法也許不合適，但以後可以改。然而，如果他們不能學會彼此理解，不注意團隊夥伴之間的溝通，他們就會因爲矛盾重重而鬧得四分五裂。

唐僧之錯，其實不在於受到迷惑，也不在於是非不分，而是在於沒有能夠在團隊的管理實務上建立一個有效溝通的平臺。

二戰時，美國某支軍隊中有一名叫克雷默的中層軍官，很有才華，同時對周圍的士兵也很關心。在一次演講訓練中，有位年輕士兵的激情演講，給克雷默留下了深刻的印象。自此，他就格外關注這位士兵。

通過一段時間的接觸和瞭解後，克雷默發現，這位士兵不僅有活力和幹勁，而且還非常熱愛學習。

由於這位士兵在入美籍之前是個德國難民，因此克雷默就推薦他去歐洲戰場，做將軍的德語翻譯。這位士兵果然沒有辜負克雷默，將工作做得非常認真和出色。

這位士兵從歐洲戰場上回來後，克雷默又推薦他擔任幾座小鎮的管理者。這位士兵將自己的管理才能發揮得淋漓盡致，將小鎮管理得有聲有色。

幾年以後，這位士兵將要退役了。只有中學學歷的他想要到紐約市立學院去讀書。當克雷默得知這個消息後，非常反對。他找到了這位士兵，對他說：「紳士是不進市立學院的，他們都去哈佛。」

他全力說服這位士兵去著名的哈佛大學讀書。不僅如此，他還積極地替這位士兵安排。這位士兵在哈佛讀書期間，克雷默不斷地給予他鼓勵和支持，直到這位士兵獲得了博士學位並留校任教。

而克雷默對這位士兵的關注，在士兵的人生中起到了不可忽視的作用，是他成就日後事業的奠基石。

對於克雷默，也許你並不知道，但是對於他所關注的這位年輕士兵，你絕不會陌生。他，就是美國前國務卿季辛吉。

與其說入伍改變了季辛吉的命運，倒不如說克雷默的關注改變了季辛吉的命運來得貼切。若沒有克雷默的關注、提拔和鼓勵，這世上很可能就少了一個了不起的外交家，只是多了一個平凡的小兵。

我們的時間都是有限的，不可能面面俱到，我們要學會關心所有的人，但是一定要特別關注幾種人，這幾種人可以大大提高企業的整體效率。

第一種：最優秀的員工；

第二種：最落後的員工；

第三種：想成長但處於瓶頸的員工。

這三種人，是一個團隊中最需要給予關注的。

5 溝通不在乎頻繁，在於到位

正如美國心理學家馬斯洛的需求理論所述，職場多數人會追求自我價值的實現，深信自己通過辛勤工作和卓越表現會成為升職的最佳人選。即使不得不承認主管比自己強，可感情上難以接受，往往莫名其妙地產生敵視和不予合作的態度。更有甚者，在嫉妒心的驅使下會出難題、找麻煩，不服從主管的工作指令甚至處處拆臺。

作為管理者，和下屬溝通要做到以下幾點：

●讓下屬感受到你恰如其分的關心

作為一名主管，要贏得下屬並讓下屬心甘情願地為你赴湯蹈火，首先要讓下屬感受到你恰如其分的關心，這比送任何禮物都重要。

關心下屬的家庭和生活。幸福的家庭生活是幹好工作的基本保證，如果員工因家庭生活而分心就無法高效地完成任務，也會影響工作的心情。

關心下屬的健康。身體是工作的本錢，下屬身體的健康狀況直接影響工作任務的完成情況。同時，在下屬住院期間，上級的探望可以拉近彼此的距離，這樣更有利於工作的開展。

記住下屬的生日，給予祝福。下屬過生日時，上級的祝福不僅讓他感覺到上級的關心，同時可以提高下級工作的熱情。

下屬犯錯誤的時候不要一味責罵與批評。先安撫再批評，找出原因，積極解決問題。

站在下屬的角度思考他們的需求。恰當的關心可以與下屬建立友好的關係，更好地開展工作。

● 與下屬開誠佈公地交流

當「官」不要像「官」。要學學美國人的坦誠，和昔日同事開誠佈公地談談，徵求對此次人事變動的意見。讓他們把心中所有的感受全部講清，即使雙方不能達成共識，不能徹底消除同事心中的不愉快，至少他宣洩了感情，不會總在背後嘀咕。至少雙方能用一種公平、坦誠的態度彼此相待，爲進一步溝通打下基礎，即使他不講心裡話，起碼他知道了新主管的友好態度和對他的尊重。

●淡化「當領導」的意識

不擺官架子，以求得昔日同事的認可。要與下屬保持以前那種和諧良好的關係，一起吃飯，一起打掃衛生，自己能做到的事儘量自己做，不要吆五喝六。如下屬拒絕接受指派的工作，用平和語氣詢問他們理由所在，不必煞有介事地大叫大嚷；如果批評，也要注意場合、分寸，措辭不可太激烈。

●做身先士卒的好上級

《論語》中說：「其身正，不令而行；其身不正，雖令不從。」能力得人心。選擇好突破口，旗開得勝，樹立威信，以後的仗就好打了；如果這火沒燒好，可能會燒著自己，以後就可能步步被動。

二十世紀五〇年代，日本索尼公司在經營上出現了問題。為了讓下屬瞭解實情共渡難關，社長盛田昭夫在室外召開了全體職工大會。

在盛田昭夫講話的過程中下起了大雨，秘書趕緊找到一把傘給盛田昭夫打開，盛田昭夫接過來走到台下，把傘給了一位老工人，並在雨中堅持把話講完。

這件事感動了所有在場的下屬。講話結束後，下屬們熱烈鼓掌，久久不願離去，並大聲說：「社長，您放心吧，我們一定會加倍工作，共渡難關。」

下屬服從管理者的指導，其理由不外乎以下兩點：一是因管理者地位高，權力大，不服從則將遭受制裁；二是因管理者對事情的想法、看法、知識、經驗較自己更勝一籌。「人不能被改變，只能被影響！優秀的領導只會身先士卒用行動影響團隊夥伴，而不是指手畫腳，試圖去改變他們！」下屬信任你，仰慕你，願意聽從你的指揮，那你就是他們的領導。

6
學會「說故事」

M先生和一位年輕職員談話，這位下屬正因營業額上不去而苦惱著。他是這樣建議的：「被人拒絕，也可能是勝負的關鍵！」

聽到這句，下屬的臉瞬間抽搐了一下，說道：「這我也知道，但是……」從此，這個下屬變得沉默寡言，而且找M先生談話的頻率也降低了。

一個月後，M先生找到下屬，試著用另一種方式和他溝通：「我剛進公司的時候，業績一直不好，因此也特別苦惱。一次偶然的機會，我在電視上看到了一個傳奇銷售員的紀錄片。他為了讓顧客記住自己及自己的商品，即使被人拒絕，也會定期拜訪顧客。有時候顧客不在，他就在對方的桌子上留一張便條。這樣堅持了五年。

第六年，他的事業開始爆發性地增長。那些顧客紛紛被這位銷售員的熱情和毅力所打動，訂單蜂擁而至。看到這個紀錄片的時候我非常感動，我覺得我自己也應該這樣試試。於是，我開始定期地給顧客介紹公司的新產品，用各種方式與他們定期聯繫。即使被拒絕，也不放棄，我堅信只要堅持下來就一定能成功。半年後，我的業績也開始漸漸增長了。」

M先生將這個「故事」講給下屬聽，一個星期後，情況有了轉機。下屬看上去開心多了，不僅如此，他還覺得下屬的行銷動作比以前增強了。雖然現在暫時沒法知道具體的訂單成績，但是他的「意識」和「行動」都實實在在地發生變化了。

下屬會從「被人拒絕，也可能是勝負的關鍵」中，解讀出一些消極的含義，比如「你沒有毅力」、「你不夠努力，自然沒有業績」等。

如果他在傾聽上司的故事時，能將自己想像成故事的主人公，並產生「如果是自己，又該怎麼做」的想法，那他就處於「共感」狀態了。

再者，當下屬看到上司並沒有放棄自己，甚至還耐心地幫助自己，那他們之間的信賴關係自然會有所加強。

爲了生存，在「情感」和「理智」之間，人類必須先作出「喜歡還是討厭」這樣的情感判斷，再考慮所謂的邏輯和理由。因此，當你要說服某人時，如果一開始就引起對方的反感或抵觸心理，不管接下來你的論調多麼合理，對方可能都不爲所動。

有一個著名的「七加一法則」，是指如果你通過提問引導對方，使對方一直說：是的、我贊成、我瞭解、我同意及類似的肯定語句。如果你讓他連續同意了七次，通常在第八次問他時，他也會習慣性地同意。當然，提問時必須注意兩點：一是問話要引至你的目的中，如果與你的目的風馬牛不相及就絲毫無用；二是必須很自然地進行，不要問得很彆扭，不要有多種答案或很難回答。

但不管如何，它都告訴我們一個道理，就是我們在進行溝通時一定要考慮與對方同步。

假如跟一個循規蹈矩、不苟言笑的人相處，你應該表現得嚴肅點、認真點；而和一個比較隨和、愛開玩笑的人相處，你不妨表現得輕鬆一點，開朗一點。這樣，你和對方的情緒就是同步的，會讓對方產生一種被理解、被接受和被尊重的感覺。否則，你就會讓對方產生反感，因爲你的情緒是對對方的否定。情緒不同步，將使交流雙方的心理距離拉大。

例如，有人在安慰因遭遇不幸而傷心的人時，故意說一些開心事，以爲這樣能沖淡對方的情緒。其實安慰者不知道，這樣反而會加重對方的傷心。與其這樣，還不如講一件自己遭遇過的類似的傷心事。這樣，情緒一同步，對方便會感到寬慰，就會對你產生比較親切和靠近的感覺。

人與人之間的溝通有不同的方式。根據調查，人與人之間溝通的影響力，文字只占了百分之七，語氣與音調占百分之三十八，而肢體語言占了百分之十五。可見，肢體語言——表情、手勢、姿勢、呼吸等是最重要的溝通方式。

在這方面與對方同步，將產生意想不到的效果。當你與他人溝通時，你模仿他的站姿或坐姿、他的手和肩的擺放姿勢，他的其他舉止，將讓他產生一種認同感。例如，許多人在交談時慣用某些手勢，你也不妨時常用這些手勢來做表達。當然，要切忌模仿他人生理上的缺陷。

7 危機激勵法

在現代企業管理中，管理者也有可能面對各種危機。面對危機時，可能就需要犧牲局部利益。如果能夠以局部利益換取整體利益，以小損失激勵全體員工的鬥志，度過危機，那麼這樣做也是值得的。當然，如果在不損害局部利益的前提下能激勵全體員工的鬥志、扭轉危機，那是再好不過的。

威羅比・馬柯米克先生是個獨裁經營者，而且是同行中的精英。但是在他的管理之下，他一手創辦的世界著名香料公司——馬柯米克公司，卻走向了倒閉的邊緣：除非裁員百分之十，否則公司無法實現收支平衡。禍不單行的是，就在這個時候，威羅比先生突然撒手人寰。

威羅比的侄子查理斯・馬柯米克先生臨危受命，出任公司的董事長。

上任伊始，他召集全體員工開會，非常誠懇地說：「從今天開始，所有員工的工資增加百分之十，工作時間縮短。我們公司的命運完全擔負在諸位的雙肩上了，希望大家努力工作，力挽狂瀾，拯救自己的公司。」

全體員工簡直不敢相信自己的耳朵，一個個呆若木雞，百思不得其解。因為危機就在眼前，在當時的惡劣情況下，將每個員工的薪水減掉百分之十都沒辦法幫助公司度過難關，誰會想到新上任的董事長查理斯先生卻給大家加薪呢，而且還大大縮短了工作時間。

很快員工們就明白了，查理斯先生的做法是為了表示他對全體員工的依賴，這使公司上下士氣高漲。結果在短短的一年時間裡，馬柯米克公司走出了虧損的困境。

在公司出現較大的困難時，很多老闆在悲觀失望中的思維定勢是裁員減薪，殊不知這樣做雖然能暫時減輕企業的壓力，但也極大地傷害了員工原本脆弱的心理。當員工人人自危的時候，誰還有心思去專注地對待工作呢？

事實證明，當企業出現危機、陷入困境的時候，裁員減薪並不是必然的選擇，查理斯的智慧在於，在危機面前，他反其道而行之，設法激勵員工的士氣，以期產生上下一心、同舟共濟的效果。對公司來說，用百分之十的額外薪資成本換來了一筆無形的資產——企業的凝聚力，這是無法用金錢衡量的。這與裁員減薪相比，孰優孰劣，不言而明。

公司的老闆或管理者應該明白一個道理，那就是不要以爲給員工多發獎金就能調動員工的積極性。因爲人是很複雜的，想讓他們爲公司賣命地工作，管理者就需要施展更細微的激勵手段，這樣才可以讓下屬的需求獲得充分滿足，同時又能激發他們的工作熱情，提高工作效率。

那麼，企業管理者如何運用危機激勵法有效激勵員工呢？

●向員工灌輸企業前途危機意識

企業管理者要告訴員工，企業已經取得的成績只是暫時的，在競爭激烈的市場大潮中，企業隨時都有被淘汰出局的危險，要想避免這種命運，方法只有一個，那就是全體員工齊心協力，努力工作。唯有如此，才能使企業更加強大，從而立於不敗之地。

●向員工灌輸他們的個人前途危機

企業的危機和員工的個人危機緊緊連在一起，因此，所有員工都要樹立「人人自危」的危機意識，無論是企業管理者還是普通員工，都應該時刻具有危機感。管理者要讓員工明白「今天工作不努力，明天就得努力找工作」的道理。員工一旦在這方面達成了共識，自然就會主動營造出一種積極向上的工作氛圍。

●向員工灌輸企業的產品危機

企業管理者要讓員工明白這樣一個道理：能夠生產同樣產品的企業比比皆是，要想讓消費者對本企業的產品「一見鍾情」「情有獨鍾」，就必須使產品有自己的特色。所謂特色，就是可以提供給消費者別人無法提供的特殊價值，即「人無我有，人有我優，人優我特」。

●危機激勵不可隨便亂用

對企業來說，危機激勵就像一顆炸彈一樣，雖然威力無比，卻不可以盲目地投擲，對員工狂轟濫炸。否則，不但不能開發員工的潛能，還有可能將他們「逼入死角」。

也就是說，雖然危機可以激發員工工作的積極性，但並不是所有員工都願意面對這種危機。尤其是對能力較差的員工而言，危機就像一朵「帶刺的玫瑰」一樣，誘人卻不可觸及。

危機會使員工感到自已的無助和無能。可想而知，當危機到來時，他們一定是企業裡心情最糟糕的人。因此，作爲管理者，不能隨便使用危機激勵法，而應該因人而異，區別對待。

8

正確啟動共同願景

共同願景最簡單的說法是「我們想要創造什麼？」願景是人們心中或腦海中所持有的意象或景象，共同願景也是組織中人們所共同持有的意象或景象，它創造出眾人是一體的感覺，並遍佈到組織全面的活動，而使各種不同的活動融匯起來。

如果你我在心中持有相同的願景，彼此卻不曾真誠地分享過對方的願景，這並不算共同願景。當人們真正共有願景時，這個共同的願望會緊緊將他們結合起來。

個人願景的力量源自個人實現願景的深度關切，而共同願景的力量是源自共同的關切。事實上，我們逐漸相信，人們尋求建立共同願景的理由之一，就是他們內心渴望能夠歸屬於一項重要的任務、事業或使命。

共同願景對企業是至關重要的，因爲它爲學習提供了焦點與能量。在缺少願景的情形下，充其量只會產生「適應型的企業」，只有當人們致力於實現某種他們深深關切的事情時，才會產生「創造型的企業」。事實上，除非人們對他們真正想要實現的願景感到振奮，否則整個創造型企業的概念——擴展自我創造的能力——將顯得抽象而毫無意義。

今天，「願景」對公司領導而言，是個熟悉的概念。然而，只要你小心地觀察，你會發現大部分的願景是一個人（或一個群體）強加於組織上的。這樣的願景，頂多博得服從而已，不是真心的追求。一個共同願景是團體中所有成員都真心追求的願景。

●第一，願景要形象化

領導者提供的願景不能是抽象的。當你向員工描述的時候，首先一定要形象化。要成爲一流的企業，所謂的一流是什麼樣的，用形象的描述來展現願景。浙江華立集團董事局主席汪力成對此有過一個形象的表述。他說：我的戰略叫畫餅戰略，告訴大家未來的公司會成爲什麼樣子。實際上，很多企業追求成爲世界五百強的目的也在於此，必須有個具體形象的願景展示給大家看。要發展，總要有個具體的圖景，不能僅僅說我們未來要成爲優秀的公司，要成爲卓越的公司。優秀和卓越是什麼樣子？總得有個形象的說法吧？比如，我們在未來將成爲這個行業的第一，這周邊的我們的廠房是什麼樣子的，我們的辦公室是什麼樣子的，我們每個人是什麼樣子的，這個形象大家一下都記住了。具象化的東西最容易讓人記住。

● 第二，願景要故事化

領導者要學會用故事來描述願景。比爾·蓋茲在向員工描述未來的時候說：我的願景是讓地球上每個家庭都擁有自己的電腦，而且使用這個電腦非常方便。這就是他的願景。有人說，凡是優秀的領導者都是故事大王，都是會給人講故事的。

確實有很多企業家都會講故事，他會告訴你，在未來的某個時間，我們企業是什麼樣子的，我們的未來是什麼樣子的，甚至具體到你將來會開什麼車，這個車應該是什麼樣子的。這些故事化的描述很容易激起人們創業的欲望和對未來的美好期待。

蘋果公司創始人賈伯斯就是個很會講故事的人。他推出新產品時說，我的願景是讓互聯網裝到你的口袋裡，隨時拿出來就能用。

我們知道，現在蘋果的手機功能非常強大，真的可以將互聯網放到口袋裡。賈伯斯說得很形象。他沒有說讓互聯網遍及每個家庭，或者是人人擁有互聯網，而是讓互聯網裝到你的口袋裡，並通過一部手機一樣的東西呈現出來，很生動，很具象化。

●第三，願景要有感染性

感染性就是共鳴。比如，一個人向你描述了半天他們公司要成爲世界最大的公司，他們要蓋世界上最高的樓，但這對你卻沒有絲毫的感染性——是啊，這跟你有什麼關係呢？所以，願景一定要跟聽到的人有關係，這是最關鍵的。這樣才有感染性，如果你說的事情跟聽到的人沒關係，顯然就不存在什麼感染性了。

體育運動之所以有感染性，就是因爲它激發了觀眾內心深處的英雄感，激發了觀眾內心深處的那種動感。

很多企業家包括不少國有企業的負責人，他們的成就感是很強的。他們究竟是被什麼感染了，會有如此大的成就感呢？他們的成就感不僅僅源於他能夠掙多少工資，更多地來自控制的資產規模有多大。

有個大型國有企業的總裁說：民營企業是一種生活方式，但國有企業也是一種生活方式，我可以支配上千億的資產，這種成就感是一般人所沒有的。而他要的和被感染的願景恰恰就是這種感覺。

所以，領導者在描述願景的時候，一定要懂得使用和聽者相關的方式來描述，跟他有關係了，才具有感染性，他會覺得自己是其中的一分子，受到了應有的重視和重用，他會很享受參與的過程。

● **第四，願景要不斷地重複**

領導者要學會不斷地重複願景，因爲它會隨著時間推移而逐漸消退，所以不能講一遍就完了，那樣誰都記不住。如果講兩遍下屬還記不住，那就講三遍、四遍，講到他們肯定記住了爲止。

當領導者不再重複自己的願景時，人們就會覺得領導者不是很認真，覺得你好像不是出於真心。只有你不斷地重複自己的願景，才能證明你是真心地希望實現，使願景真正能融入人們的血液中，落實到人們的行動裡，成爲他們內心深處的航標。

● **第五，願景要實現制度化**

既然是組織的願景，領導者就一定要把它制度化，讓它變成企業戰略的一部分，企業文化的核心。只有將願景置於制度裡，大家才覺得領導者不是開玩笑，大家才會認真對待它。

願景在剛開始提出的時候，只是一些故事，是一個集體的奮鬥目標。領導者只有把這些故事放在戰略和文化規範裡，把它分解成各種各樣的目標，並認真執行的時候，願景才可能真正實現。

●第六，階段性目標要持續實現

領導者提出一個願景，如果目標很遠大，階段性目標長期實現不了，人們就會產生挫折感。在企業裡面，大願景應該有階段性。一段時間內要實現什麼樣的具體目標，這樣就逐漸逼近了願景，並最終實現更大的目標。所以，願景一定要有階段性，階段性目標不斷實現，讓大家有不斷實現目標的成功感受。

所謂階段性目標的不斷實現，就是要求把願景分解成階段性的目標，讓人們覺得可信。比如有的企業家提出：我們五年後將進入世界五百強，我們每個人進入世界五百強以後的資產會是多少，但是，企業家說完了以後，並沒有把五百強目標放在戰略裡面來，也沒有在考核指標裡體現出來。

領導者應該對目標進行年度分解：第一年我們完成目標是多少，

大家的收入應該怎麼增加；然後是第二年、第三年、第四年、第五年，階段性目標不斷實現，這樣，最終願景才有可能實現。

第八章

情人的話，傾聽就對了

女人來自金星，男人來自火星，
如果兩個星球的人不能互相理解，
有時候，女人的沉默是最完美的表達。

1 你越說，男人就越不做

女人總以爲，如果自己多說幾遍，興許男人就會改掉某個壞毛病、壞習慣；或者會因爲自己的嘮叨，男人會在工作上、事業上更加努力，從而獲得更大的成功。其實，如果你這樣認爲，你一定不是一個聰明的女人。

雖然愛嘮叨幾乎是女人的天性，但是女人的嘮叨卻是男人心中永遠的痛。男人會因爲你的嘮叨而產生厭煩，並且，你的嘮叨多了，男人也就無所謂了。更不堪的事實是，你的嘮叨會給男人的工作和事業帶來巨大的阻礙，同時也會給家庭生活帶來傷害和不幸。

很多男人在婚後都覺得他們過得十分不幸福，感覺自己的老婆失去了在戀愛時的所有魅力，每天就像個怨婦似的不斷重複地嘮叨。

在男人心裡，最頭痛的事不是沒有成就、沒有得到老闆的賞識，而是心愛女人沒完沒了的嘮叨。

如果女人嘮叨是爲了傾訴、爲了發洩，比如對外界的人或者事情看不習慣，這些還好理解。對男人來說，硬著頭皮坐下來當回聽眾也無妨，能夠換來她的好心情也值了。問題是，大多數女人的嘮叨是由於她們對男人的期望值太高，或者按照自己的標準來約束別人，以致發現別人的不足而產生不滿。

如此一來，女人的嘮叨就成了沒完沒了的教育和訓話。更讓男人受不了的是，有些女人的嘮叨是對男人事業失敗的嘲笑和諷刺。本來男人在外面工作就夠累了，回到家裡，不僅得不到一絲的溫暖和安慰，還要聽女人的責備。

即便一個男人在事業上非常成功，如果遭遇女人無休止的、重複的說教，他也會從事業的巔峰上滑下來。

女人在家裡對男人嘮叨得多了，不但讓男人心煩，弄不好會讓男人產生逆反心理。你越說，男人就越不做，那不是適得其反嗎？想必這樣的結果不是你想看到的吧。你這樣說個沒完沒了，說重一點就是對男人不尊重、不信任。既然你不尊重、不信任他，他又怎麼會有動力去做好事情呢？因此，作爲一個聰明女人，你一定要停止對男人的抱怨和嘮叨，而是給他一些鼓勵和理解，這樣你才會從男人身上發現更多的改變。

2 越追問，他就越愛撒謊

有的男人天生就愛撒謊，尤其是在婚姻中。但是，謊言有時候不是完全地讓人無法接受，有一些謊言純屬善意。比如，男人有一些小愛好、小興趣，但是他的這些愛好興趣是你極不贊成的，如果他做了這樣的事情，害怕你生氣，就會編各種各樣的謊言掩飾自己的過失。

其實，他的謊言是爲了維護家庭的和平和幸福，因爲你知道了勢必會和他大吵一架。爲了不讓你生氣，他才會想到用謊言來隱瞞事實。這時候，不妨就糊塗地敷衍過去吧。這樣做不僅難能可貴，而且也是維持婚姻健康幸福的一門藝術。

要想長久地維繫一段婚姻，很多時候就不能計較，女人不要沒事就審問男人、追問男人，你越追問他，他就越愛撒謊，久而久之，撒謊就成了家常便飯。聰明的女人，應該學會做個觀眾，對他的賣力演出拍手叫好。你越是這樣，男人就越是信任你，也對你越是忠誠。

聰明的女人心裡知道男人的謊言，她們會裝糊塗，但她們並不是真糊塗。如果女人非要把男人的謊言揭穿，非要把男人的心思看透，到最後，受傷的人只會是她自己而不是男人。

其實，丈夫的謊言不是爲了掩飾錯誤，有時候只是一種善意的欺騙，是爲了讓妻子高興才說了違心的話。因此，在婚姻中，有時候裝糊塗反而會讓你獲得幸福。聰明的女人懂得用一點小技巧來讓男人們心服口服。

3 給他一頂高帽子

女人喜歡被男人寵，但是，男人也需要女人的哄！沒有一個男人不喜歡聽讚美之詞，女人的讚美和鼓勵，能使男人發揮超強的創造意識和能力。聰明的女人都明白，如果你不時地給男人戴一頂合適的高帽，男人便可創造出你想像不到的成就。

一個聰明的女人知道怎麼去觸發男人的創造力，她不會不厭其煩地數落他的缺點和不是，而是經常提及他的優點、長處，不失時機地讚美、誇耀他，而男人因爲得到這樣的鼓勵，才更自信，更容易發揮自己的優勢。

面對男人的過錯、退步，如果你一味地斥責，只會讓他對自己也失去信心，相反，如果你能給他戴一頂合適的高帽，不但能讓他充分發揮自己的潛在能力，也能讓他在事業的路上昂首闊步。一個聰明的女人，更懂得讚美丈夫的成功和能力，遠比打擊或斥責他帶來的進步大。因此，如果還想讓你的丈夫發揮更大的才能，就給他一頂舒適的高帽戴吧。

4 不要逼問不休

基本上，男性解決問題的方式是很「專注」的，一遇到問題，他們首先會仔細思索「該怎麼辦」，而通常採取的策略是「我先獨自解決看看」。這是因爲在社會化的過程中，對男性而言，最重要的兩件事就是「能力」與「成就」，因此他隨時隨地都要證明自己的能力，所以當事情發生時，會告訴他的她「沒事」，其實真正的含義是「沒什麼事是我不能自己解決的」，而不見得真的沒有問題。

但對於慣於把問題攤開來談的女性而言，則很難理解這個意境。當她們聽到對方說「沒事」，直覺地以爲對方表達的訊息是「你別管我，我不想和你說話」，這種話可是殺傷力極大的，令女性覺得自己被心愛的人拒之於千里之外，因而感到傷心難過。

仔細想想，許多兩性之間的博弈都是這麼產生的。

如果女性能夠瞭解另一半這時需要獨處一下，讓他看看球賽，轉移一下情緒，同時可以借機獨自思索一下問題的所在。在有了頭緒之後，他總會主動自洞穴中出來，並作說明：「前幾天老闆叫我去辦公室，說要派我去歐洲分公司，我實在不想去，所以考慮了好幾天，今天婉轉地向老闆陳情，他答應改派別人去，現在沒事了！」

所以男性在解決問題時，採取的是「集中焦點」的思考方式，而且習慣一個人去解答，不論你自覺有多委屈，也請試著相信他之所以入洞，並不是針對你來的，而是爲了盡速解決自己的情緒問題，以便再出洞時，又是一條好漢。

因此請千萬不要逼問個不休，令男性沒有喘息的餘地，此時能做的最好的事，就是在他入洞時以體諒的語氣告訴他：「等你想談了，我隨時奉陪。」

男人最大的恐懼之一，就是他還不夠好，或者是能力不濟，不能滿足女人的需要。他害怕女人小看自己，他無力驅除這種天然的恐懼感。正因爲這樣，他不斷「修煉」，發奮圖強，把更多的時間和精力，用在力量和能力的儲備上。「成功」、「成就」和「效率」，在男人的生活中，往往是最重要的方面。有時候，男人膽戰心驚地覺得，女人對他毫不在意，他的心裡極不是滋味。他也不想當著女人的面，表達他的愛意和溫情。

低谷中的男人，往往不接受低谷中的自己。幾乎所有的男人都會認爲自己應該是一個事業順利和成功的人，而不應該遇到這麼大的挫折和失落。他們覺得不公平、沒面子，對外界充滿了排斥感。他們想讓自己快點走出低谷，但是越急，壓力越大，心情越糟糕。

其實，對男人而言，「低谷」恰恰是一個可貴的職業經歷；過去的順利會讓一個男人陶醉於自己的成績，而忽視了自己的短處；會在並不平坦的道路上習慣地往前衝，而沒有防範腳下的風險；會像跑車一樣只顧著奔跑，但忘記了持續的「保養」和「維修」；會局限在一個狹窄的上升通道中，而失去更多的選擇機會。短暫的低谷意味著暫時的後退；這樣的經歷對男人來講，正是認識自己、認識職場、自我改進、調整方向的最好時機；這種低谷，來得越早越好。

所以，作爲女人，不要急於讓你的男人脫離低谷。此刻，最好「狠下心」來，看著男人承受一段時間的折磨；讓他在低谷中安安靜靜地思考和體味；而這個時候，女人做的最有價值的事情，就是像往常一樣相信他，喜歡他。

5 男人需要的不是建議而是信任

女人都希望自己能成爲男人的得力幫手，但在主動請纓、充當「謀士」或「後盾」這件事上，女人要格外小心，以免傷害你心愛的男人。

給予男人不請自來的建議，或擅自充當男人的援兵，結果就是得不償失。在男人眼裡，這是你對他進行抱怨和批評。這讓男人心灰意冷，鬥志全無！當然，出於愛、出於溫情，你才會那樣做，可你的建議和主張，像一把刀子，扎在男人的自尊之上，讓他無限痛楚。他的反應可能非常激烈，覺得你把他當成了孩子。

通常來說，當女人提供不請自來的建議，或試圖「幫助」男人的時候，她不知道，對於男人而言，她有多麼挑剔，多麼缺乏愛意！但凡有骨氣和抱負的男人，大多有著強烈的自尊。他想在心愛的女人面前證明：他可以不靠別人，「單騎闖關」，哪怕要闖的「關」微不足道（比如駕車趕到餐廳，參加朋友的聚會等）。相對某些大事而言，他對小事格外敏感。這似乎頗具諷刺意味，但又在情理之中——「她連參加聚會這樣的小事，都對我缺乏信心，又如何相信我能成就大事呢？」

在婚姻生活中，男人需要的不是良師益友，而是一個讓他輕鬆愉快的愛人。

6

誰先讓步

俗話說：「床頭吵，床尾和。」夫妻間共同生活，要碰到和處理許多生活中的煩心事，爭吵幾句在所難免。

但是，你必須事先懂得遊戲規則，什麼規則呢？很簡單——讓步。吵過架以後擔心自己先道歉，以後就會被輕視或沒面子等等，這是非常不理智的想法。聰明的女人，絕對不會做吵架後再與丈夫冷戰三五天的蠢事，她們深諳讓步之道。

只有傻瓜才會極度堅持一定要男人先做讓步。這樣做對自己沒有一絲好處，要知道男人的自尊一般都比女人強。聰明的女人應該在吵架後，不失時機地說：「剛才是我不對，別生氣了嘛！」這樣一場危機就可以輕鬆化解了。

如果男人有預知功能，並且可以選擇終生伴侶的話，相信多數人都會毫不猶豫地選擇在爭吵時能夠主動讓步的女人。會退讓表示她有眼光，懂得把握分寸，能看透四周情勢，也能理解男人的特點。同樣，夫妻爭吵中能讓步的女人，面對外來的挑戰時絕不會懦弱地退讓，可以堅強應對。這樣的女人絕對是男人的福星。

反之，不肯讓步的女人會一味地堅持己見。固執於「我是對的，是你不對」這種觀念的女人不懂得生活情趣，固執古板，撞著南牆還不知道回頭。她只認爲夫妻吵架不是你死就是我活，甚至男人道歉了，她還繃著個臉，而不懂得夫妻間吵架的奧妙。所以，她的婚姻生活總是最不幸的。

在婚姻生活中，夫妻之間難免會發生摩擦，如果你希望自己的婚姻生活能夠順利，就必須先學會說：「對不起！」

聽起來簡簡單單的三個字，真的要說出口，卻有如千斤重，其實這三個字我們天天都在用，但在面對自己最親近的人時，卻是十分不容易說出口。所以我們必須先做好心理建設，那就是夫妻吵架無所謂輸贏之分，誰是誰非絕不可能明明白白。所謂「清官難斷家務事。」就是這個道理。

另外要知道的就是，在雙方摩擦之後，重修舊好的關鍵在於你的選擇，而這個「選擇」必須來自其中一方的讓步。所以，第一次吵架可說十分重要，因爲，這是互見對方「廬山真面目」的機會，不但印象最爲深刻，更可以藉此深入瞭解對方，知道對方對什麼事情最敏感，對什麼最不能忍受，以及他（她）的心理所能承受壓力的限度。大可以好好利用這個機會，「察言觀色」一番。

如果你認爲恩愛夫婦之間，也難免會有嫉妒、煩惱和生氣等情緒出現的話，不妨允許對方偶爾生一下氣。當這些情緒真正發生在你們之間時，不需要過度驚慌失措，因爲這並不意味著你們之間已經「感情破裂」了。

也許對方是因爲工作上的原因而情緒低落，因爲你恰好就在身邊，所以就把氣出在你身上，或沒有向你表達應有的關心及關懷，但這暫時的不愉快並非你的過失。在這種情形下，你可以溫柔地問：「親愛的，真抱歉！如果我做了什麼事惹你生氣，請告訴我好嗎？」

如果答案是否定的，你或許可以多問一句：「如果心裡有事，可以告訴我嗎？」如果對方不願說，你就不需要再打擾對方的思緒。要知道，問候是你在這種狀況下所能給予的最好安慰，有時不須說出口，只是一個眼神，或一個親密的小動作，都會讓對方感到無比溫馨。

7

揪他的「小辮子」，只會讓他討厭你

夫妻兩人生活在一起，就要學會互相包容，是人都會犯錯，男人犯點錯誤也是人之常情。但是抓住男人的小辮子不放，只會讓男人越來越討厭你。

女孩子大多都梳過馬尾辮，因而知道頭髮紮起來長得快不說，還能提神。但若是始終被橡皮筋拽著頭皮，那也不是一件舒服事。辮子綁在自己頭上，只要不是太緊，誰都受得了，若因爲辮子在別人頭上，你就便勁拽人家的頭髮、扯人家的頭皮……人家一定會喊疼、會要求鬆綁的。

女人都以爲抓住了男人的小辮子，就可以威脅，可以發威，要知道男人是最討厭別人抓自己的小辮子了，即使是心愛的女人，也會讓他不舒服。

相信大家都聽過這樣一則笑話：有一個人老喜歡在朋友面前吹噓他如何如何不怕老婆，經常當著人說：「在家，我稱王稱霸，老婆才不敢管我哩！」

「你在家是什麼？」

「是老虎！」

恰巧他老婆聽見了，厲聲問：「你說什麼？」

他馬上恭敬地說：「我說我是老虎，你是武松。」

雖然這只是一個小小的笑話，但是不難看出，不管一個男人在家裡怎樣「懼內」，在朋友面前都要撐足了場面，絕不能讓朋友覺得自己是個「軟腳蝦」。但是很多女人都會像笑話中的妻子一樣，只想自己逞一時威風，卻從不考慮老公的顏面何存。在朋友面前失了面子的男人，回到家會和妻子發生怎樣的矛盾，那就可想而知了。

曉筠是一個典型的霸道型女人，不管在家還是在外面，從來都不給老公面子。

一天，老公的一個朋友過生日，邀請他們去參加。現場氣氛非常熱鬧，當男人到旁邊喝酒的時候，老婆們就開始閒聊，談的都是家長裡短。

曉筠一開口就開始細數老公的種種不是，還一副恨鐵不成鋼的樣子：

「我們家那位整天就知道混日子，一點上進心都沒有，抽菸喝酒一樣都不落下，偶爾讓他做頓飯簡直不能入口，你們說他怎麼就那麼笨呢？看你們一個個的日子過得有滋有味，真是羨慕啊。」

因為曉筠的聲音特別大，所以旁邊的男人們都聽到了，朋友們還拿曉筠的老公大開玩笑，雖然都是善意的，但是她老公卻一點都笑不出來。

回到家，從來不願意和妻子針鋒相對的老公和老婆開戰了：「你怎麼能那樣說話，難道就不能在朋友面前給我留點面子嗎？你羨慕人家是吧，那好啊，既然你覺得我一無是處，那就離婚！」

「我說的本來就是事實啊，再說大家都是那麼熟的朋友，誰不知道你是這副德行，離就離……」

就算老公的確不是很出色，那也不能當著那麼多朋友的面將老公貶得一文不值。既然覺得他一無是處，當初幹嘛選擇他託付終生呢？最後不僅讓老公丟了面子，讓朋友們看輕他，還讓自己的幸福受到了嚴重的傷害，自己也一肚子氣，何必呢？

所以，哪怕不在朋友面前談起老公，也不能談論他不好的地方。而往往懂得怎樣滿足老公的「虛榮心」，讓他在他的朋友面前能夠揚眉吐氣，這也是她們能夠一直得到老公疼愛的原因。

當一個女人在老公的朋友面前驕傲地談起他的時候，任何男人都會感到異常興奮，因爲他們的虛榮心得到了極大的滿足。而在這種愉快心情的驅使下，男人會覺得自己的面子都是老婆掙來的，也許他們表面上不會說出對女人的感激，但是實際上他們會更加疼愛自己的老婆。

聰明的妻子都深諳此道，所以如果你想要獲得更多的幸福，切忌在老公的朋友面前指責他、數落他，最有效的做法就是在他朋友的面前驕傲地談起他，相信給了他面子的你一定會收穫他更多的愛。

第九章

孩子的話，嘮叨就完了

也許面對你的喋喋不休，
你的孩子在心裡或背著你大喊「煩死了！」「煩透了！」
只是你沒聽到罷了！

1 你屬於哪一類的「嘮叨型家長」？

身為家長，最煩心的莫過於孩子的叛逆、不聽話了。殊不知，父母們也有讓孩子感到特別「頭疼」的地方和煩心的事，那就是父母的嘮叨。很多父母總在孩子身邊嘮叨個不停，這個怎麼樣，那個又如何……於是，很多孩子開始不耐煩，進而厭煩父母，甚至頂撞父母。煩心的父母們哪裡會知道，孩子的不聽話、逆反，正是自己沒完沒了的嘮叨逼出來的！

聽聽吧，這些聲音很多父母肯定再熟悉不過：

「媽，我求您別說了！您說了好多遍啦！」

「知道了！您有完沒完啊，我耳朵聽得起繭啦！真是煩死了！」

「每天放學回到家裡，媽媽就嘮叨：快去做作業！今天有多少功課要做？作業是什麼？當我拿出作業本時，媽媽又會千叮嚀萬囑咐：把字寫工整了！把頭抬高點！腰挺直了！作業寫到一半時，媽媽還不忘時時干擾：做完幾樣了？題目做對沒有？抓緊時間，不要磨蹭！媽，您整天這樣在旁邊碎念，就沒有想過我怎麼能安靜下來做功課呢？」

「快點起床！動作要快，不然要遲到了！」

……

父母們看到孩子們這些心裡話，也許會感到委屈：我們再怎麼嘮叨，不都是爲了孩子好嗎，不正是愛他們的表現嗎？他們爲什麼不能理解呢？

確實，普天之下，所有的母親沒有不愛孩子的，但是，父母用嘮叨來表示愛，效果會怎樣呢？你嘮叨太多太久，孩子的耳朵真的起「繭」了。也許面對你的喋喋不休，你的孩子在心裡或背著你大喊

「煩死了！」「煩透了！」只是你沒聽到罷了！

一個讓孩子產生「煩死了」的念頭的家長，教子話術顯然有待提高。父母要把話說到孩子心裡去，而不能靠一次又一次的重複和沒完沒了的嘮叨。俗話說：「好話不說第二遍。」說十次不一定比說一次有效。父母要讓孩子聽話，首先必須改變嘮叨的習慣，掌握用一兩句話就能打動孩子的說話藝術。

家長嘮叨的原因不在孩子身上，而是在自身。父母要改掉嘮叨的壞習慣，就要勇於反思，從自身找原因。大致而言，父母的思想、性格、觀念差異和教養方式等，會導致對孩子的嘮叨。

父母大多將所有的希望都寄託在孩子身上，有的父母甚至將自己當年未實現的理想也寄託到孩子身上，想讓孩子去實現自己不能實現的理想。這樣的理想「位移」，十有八九會給孩子增添一股無形的壓力。孩子實現了父母的「理想」，當然是皆大歡喜，而一旦家長發現孩子沒有按照自己預期的步驟去做，便會爲了加強「督促」，不自覺地就開始了「強化教育」——嘮叨。

據心理學研究分析，一般性格軟弱和緊張型的家長容易嘮叨。嘮叨是不相信自己的表現，由於不放心，才會一次次地重複，就像有人出門的時候，不相信自己已經關好了門，還要重複去看一次一樣。軟弱和緊張型的家長不相信別人已聽見自己的話了，當然也不相信孩子會照著自己的話去做，所以要重複，要嘮叨無數次。

觀念上，隨著孩子漸漸長大，接觸的事物越來越多，對事物逐漸產生自己的看法和獨立思考的能力。而父母這一代，跟子女成長的時代不同，接觸的事物也有很大的差異，有些父母往往不能正視這一點，以老觀點、老辦法看問題，把自己奉行的觀點反覆強加到孩子身上，而不從子女的角度去思考，更不瞭解子女在想什麼。

教養方式上，一些父母乃至祖父母驕縱、溺愛孩子，養成了孩子驕橫、任性、貪圖享樂的習慣和唯我獨尊的心理，這樣的孩子不聽話是很自然的了。有的家長明顯感到言語教育不起效果了，又沒找到其他的好辦法，於是錯誤地認爲，遇到孩子不聽話，一次不聽，就說兩次，兩次不聽，就說三次，三次不聽就說五次，直至十次八次，只要自己多說幾次，他們總會聽進去吧。

不同的家長，嘮叨的原因可能各有不同，但總體上可以分爲以下幾類：

●關心呵護式嘮叨

這是一種無意識的愛孩子的本能。父母認爲這是爲孩子好，爲孩子著想。孩子還小，自控力差，做事常常顧此失彼，丟三落四，所以需要大人不斷提醒，以至於對孩子照顧得無微不至，事無巨細都會叮囑又叮囑：出門衣服要多穿；晚上睡覺要蓋好被子；吃飯時不要看電視；放學了不要在學校逗留，早些回來……這類家長把孩子當成永遠長不大的小不點，對孩子事事不放心，不敢放手讓他受點苦，去經歷風雨，不放心他獨立做事。嘮叨的結果是：孩子產生了依賴心理——反正有人提醒我，因而變得懶惰，散漫，沒有責任感。培養獨立生活能力成了一句空話。

●催促命令式嘮叨

有的孩子性格活潑，頑皮貪玩，在父母眼裡看來是不聽話、不自覺、不好管教的孩子。父母認爲他需要有人催促，像皮球一樣，踢一下才動一下。於是，「該做作業啦！」「到睡覺時間了，該上床啦！」「不要在外面玩得太久，七點前要回家！」的命令聲在孩子耳邊定時響起。當然，對於還沒有養成良好作息習慣的孩子來說，適當的催促是應該的；但是，當催促過多過量，孩子就算聽從你的話了，也會在內心對你產生抵觸或怨恨情緒，疏遠了親子關係。

●習慣批評式嘮叨

特別是有些母親習慣了對家庭成員比如丈夫的嘮叨，自然也會以同樣的方式對待孩子。這也和性格有關，有些家長屬於那種喜歡說個不停的人，似乎一天不嘮叨就不舒服。這類家長會把嘮叨緊緊掛在嘴邊，怕孩子不上進，怕孩子還會再犯錯。但後果是，孩子在心理上與你的距離疏遠了，因爲沒有孩子喜歡聽父母不斷地批評和指責。

● 發洩不滿式嘮叨

工作上的壓力，生活中的不愉快，人際關係的緊張，家庭的不和睦，對孩子的期望值太高等，都會影響父母的情緒，而父母的情緒又會直接影響到孩子。經常看到這樣的家長，孩子考試沒考好，就對孩子大發脾氣：「你看你，怎麼這麼笨！人家某某都比你考得好！怎麼這麼不爭氣！氣死我了！」「你怎麼就這麼沒出息呢，長大了去掃廁所算了！」這類家長實際上是在發洩自己的情緒，孩子成了他們的出氣筒。他們根本不去體諒孩子的心情，不去考慮孩子的心理承受力，最後受傷的只能是孩子。

你嘮叨的原因是什麼呢？你屬於哪一類的「嘮叨型家長」呢？反躬自省一下是大有益處的，因爲這有利於你自覺地改掉嘮叨的毛病，成爲會說話的父母，成爲受孩子歡迎和尊敬的父母。

2 喋喋不休，不如問到重點上

家長對孩子進行全方位的培養和教育，關鍵是掌握好說話的方式與分寸。如果對孩子反覆數落，喋喋不休地指責，使用的方式大多爲機械地重複，時間長了，孩子除感到厭煩以外，更重要的是根本聽不進去。一項調查表明，「我最喜愛的父母是講話精練、有重點、不嘮叨」，這就是孩子們的心聲。

點燃熊熊烈焰，有時只需要星星之火；打動孩子的心，有時只需要隻言片語。家長對孩子說的話要發揮效力，要訣在於少而精。簡潔是智慧的鏡子，而嘮叨則是教子乏術的表現。因此，父母通過語言對孩子施以及時的、有效的引導時，要提高說話品質，減少嘮叨數量，使得每一句話都擲地有聲，都能說到孩子的心裡去，都能在孩子心中引起迴響。

要想以最少的語言，達到最佳的家教效果，父母應該做到：尊重孩子；正確把握孩子的心理狀態；針對孩子的個性特徵；選對說話的時機；施以正確引導；講究批評的藝術；以身作則，教子先正己。

家長在特別想嘮叨的時候，最好先忍一忍，改變一下方式，試一試「把嘮叨變成提問」。有時候，孩子的某個做法明顯不對，家長儘量不要直接指責，更不要揪著小辮子不放，說個不停。與其直接向孩子說教「這樣做的壞處是什麼」，還不如向孩子提問，「說說這樣做有什麼根據」，或「如果換種做法效果會如何」。在父母的提問和啓發下，孩子自覺地發現和改正自己的錯誤之處，那就再好不過了。

具體而言，父母把嘮叨變成提問，至少有三點好處：

其一，有利於融洽親子關係。父母一般都是高居於孩子之上的，很少和孩子平等地對話。如果父母能向孩子虛心提問，孩子肯定會受到震動，當然樂於給父母解答，不會感到厭煩。

其二，有利於激發孩子動腦筋。提高孩子思考能力的方法之一，就是不斷地向其發問。孩子們有時做事情並沒有動腦筋，或是隨波逐流，或是隨意而做；當他們聽到問題時，就必然要動腦筋思考，久而久之就養成了愛思考的良好習慣。

其三，有利於瞭解孩子目前的真實認知水準。提問之後，可能會出現兩種情況：一種是通過孩子的回答，瞭解了孩子目前的真實認識。如果孩子的認識是錯誤的，這時父母再進行教導，哪怕是現在開始嘮叨，也比一開始就嘮叨強。因爲這時父母瞭解了情況，屬於「有的放矢」，而不是「心有成見」。

還有一種更可能發生的情況是：孩子的回答不僅正確，而且非常精彩，大大超過父母原來的認知。這時父母反而會暗中慶幸「幸虧我們沒有先嘮叨，不然真在孩子面前丟臉了」。

當然，家長向孩子提問時態度一定要和藹，更要虛心；不能擺著架子，把提問整成「提審」，變相爲「審判式」嘮叨。

3 磨破嘴唇，不如動筆交流

孩子容易把父母說的話當成耳邊風，但如果你寫成文字，孩子就不會不注意了，這樣更容易觸動孩子的思想。如果你看過《曾國藩家書》，就會知道原來曾國藩用一份份感人至深的書信教育兄弟子侄，造就了曾門人才輩出的奇蹟。

大多數人往往把書信用在具有一定空間距離的交往中。尤其是現在，通訊工具越來越發達，人們寫信的機會也越來越少了，當父母和孩子同處一室的時候，就更覺得用不著寫信了。但在教育孩子方面，寫信是一個非常好的辦法。當你覺得和孩子進行口頭交流效果不太好的時候，當你希望自己的話語充分引起孩子關注的時候，就可以用這種方法，即使你和孩子近在咫尺。

有時，孩子回到家中，父母由於各種原因也忽略了與孩子交流。即使有部分家長想與孩子交流，但很多孩子不好意思將自己內心的想法當面對父母講。這樣就讓兩代人之間的溝通越來越少，父母在教育孩子方面好像無力可施，有的家長乾脆把教育孩子的責任全部推給學校，其實，家長可以採取書信的方式和孩子進行交流。

寫信能表達出父母內心中對孩子最真摯的情意，孩子在讀信的時候也能從字裡行間體會到父母對他的關愛，親情的激發就是一種珍貴的教育。當孩子給你回信的時候，他們也能夠充分表達自己心中的喜怒哀樂，並且在寫信的時候鍛煉文字表達能力。

父母與孩子以書信的方式進行心靈的溝通，應把握好以下幾點：

● 給孩子寫信要有真情

寫信給孩子之所以是一種好的交流方式，就是因爲這種方式很感人，是父母真情的流露。如果父母不能傾灑真情於信箋上，寫信也只能流於形式。如可以把心裡話寫下來，放在孩子的床頭，但是別急著問他看了沒有或者看了之後怎麼想的。孩子肯定會看的，不過他看了之後可能什麼也不說。等到你又有心裡話了，可以接著寫第二封、第三封信。

● 掌握寫信時機

當有些事情父母無法說出口的時候，或者與孩子衝突升級的時候，父母與孩子寫信交流，可能比當面開口效果更好。因爲父母寫信時心情會平靜下來，說出的話會中肯一些，而孩子看到父母的信，自然會有反思，會更容易理解父母的苦衷。

● 寫信要有重點

除了把該交代的事情說完外，還應提出要求與希望。要有重點，每次最好提一兩點或兩三點，提要求不能太籠統，要有針對性，切合實際。如果要求太多，孩子在短時間裡難以做到，即使做了，也容易囫圇吞棗，落實起來也是紙上談兵。

●鼓勵孩子回信

孩子回信，可以充分瞭解他的想法、學習等現狀，以便對症下藥。況且，一封書信如同一篇作文，經常寫信，是練文筆的好機會，有利於孩子作文水準的提高。特別是寫信可以鍛煉孩子的思維，增加條理性。同時，寫信可以練字，有助於孩子寫出一手好字。

●給孩子回信要及時

書信要有來有往，不能只是兒女寫，父母不及時回。事情再忙，也要擠出時間給兒女回信，因爲孩子在那一頭盼著呢！

還有一種交流的方式，就是使用**便條**。

便條是一種簡單的書信交流方式，內容非常簡單，大多數都是一些臨時性的詢問、留言等，往往只用一兩句話就可以完成。

在日常生活、工作中，人們可能會有一些簡單的事情需要告訴別人，在因爲某種原因而無法見到對方時，爲了傳遞資訊，就可以採取寫便條的辦法。

便條是一種簡化了的書信，常用於朋友、同事或家庭成員之間。如果父母有什麼話要告訴孩子的時候，可以給孩子寫個便條；如果父母要對孩子提出什麼要求，也可以給孩子寫一個便條，然後再就便條的內容和孩子進行討論。如果孩子有不同意見，可以進行修改。

很多孩子都不願和父母談論自己的學習情況，可是，如果孩子每天回到家裡都能主動地向父母介紹一些學校裡的事情和自己的學習情況，父母一定非常開心。使用小便條，不僅可以給忙碌的父母帶來方便，而且還可以促進正常的親子交流，融洽彼此的親子關係，使孩子健康成長。

4 聽懂孩子的「弦外之音」

雖然做父母的已經爲孩子付出了很多，可是，越來越多的父母還是發出了這樣的抱怨：孩子怎麼離我們越來越遠了！我們都不知道他們每天在想什麼！

孩子們爲什麼不想和父母說話呢？因爲他們認爲：「跟父母說也沒有用。」在孩子剛要開始說話的時候，很多父母都會用老祖宗留給我們的金科玉律「小孩子有耳沒嘴」來搪塞孩子想說的話。長此以往，孩子的心靈就會被封閉。在這種情況下，怎麼能夠聽懂孩子話裡的弦外之音呢？

如果你不知道孩子的哪些話裡面有弦外之音，那麼，就先看看下面的孩子是怎麼說的吧！

情景一

看見鄰居家的小朋友手中拿著一個霜淇淋，兒子抬起臉龐，天真地對爸爸說：「爸爸，天氣好熱啊。」

爸爸說：「怎麼會熱？」

情景二

媽媽對女兒說：「不要再看漫畫書了！」

女兒回答說：「媽媽不是說讓人快樂的書就是好書嗎？漫畫書讓我快樂，不也是好書嗎？」

母親愕然，只好回答了一句：「……作業寫完了再看吧。」

情景三

君君說：「爸爸，老師今天表揚小明了。」

爸爸說：「是嗎？那你可要好好向他學習啊。」

說完了這句，父親發現兒子的眼神竟有些黯淡。

……

父母們根本就不知道，自己的孩子已經學會使用「話外音」了，明明是想吃霜淇淋，卻不說想吃，而說天氣熱；本來是想看漫畫，卻不說自己想看，而是反問父母「媽媽不是說讓人快樂的書就是好書嗎」；本來是想要得到父母的表揚，卻是告訴爸爸「老師今天表揚了小明」……

爲了聽懂孩子的話，爲人父母者首先就要聽懂孩子的「弦外之音」，仔細琢磨孩子真正的意思，當發現孩子的表達不再直白而是有些拐彎抹角的時候，一定要給予深深的理解，聽懂孩子的言外之意。

有些家長可能會覺得，孩子這麼小怎麼就學會這樣說話了，這都是從哪裡學的呀？其實，孩子能夠通過一些非正面的描述來表達自己的想法，並不一定就是孩子學壞了。從某種意義上說，孩子有這樣的舉動，只能說明孩子的思考能力加強了，思維活躍程度提高了。

當孩子已經學會用「話外音」這一表達方式的時候，父母用不著爲此大驚小怪，要以平常心對待，搞明白孩子的的真正意圖，這樣才不會給孩子造成不適感和挫敗感，才能實現和孩子的暢通交流。

5 善問、巧問、啟發式提問

作爲家長，要學會「問」！因爲「問」也可以引導孩子成功。不同的問話方式體現了不同的教育理念和方法。我們可以從下面的問話中，看出其中的差異：

情境一

孩子幼稚園放學了，傳統式媽媽來接孩子。

媽媽：今天在幼稚園吃什麼了？

孩子：蛋花湯、香蕉、飯……

媽媽：你今天學什麼了？

孩子：老師教我們畫畫，我畫了一隻小青蛙，老師還表揚我了呢！

媽媽：有人欺負你嗎？今天老師安排了什麼作業？

孩子……

情境二

孩子幼稚園放學，開放式媽媽來接孩子。

媽媽：你今天過得怎麼樣，開心嗎？

孩子：今天我們做了疊城堡的遊戲，我們都開心極了。

媽媽：今天發生了什麼有趣的事嗎？

孩子：做遊戲的時候，皮特不小心摔了一跤，我們都笑了。

媽媽：你今天給小朋友們展示了什麼作品？

孩子：我今天畫了一幅世界和平的圖畫。我帶回來了，你回家可以看看。

……

通過比較，我們不難發現，中國父母比較關注孩子的生活情況和學習情況，而國外父母則把注意力更多地放在孩子的情緒、興趣和能力的培養上。

傳統型媽媽的提問方式會讓孩子過多地關注自己的生活和學習過程，而將自己情緒情感的變化忽視掉。開放型媽媽的問話方式，更容易讓孩子產生聊天的欲望，一旦有了表達的意願，孩子就會對自己的所作所爲有所感觸，會對明天的生活產生嚮往。她的提問方式，內容具體而明確，孩子知道如何回答。在這個過程中，孩子說得比較多，這對父母進一步瞭解孩子的學習情況、活動情況是很有幫助的。

生活中，父母幾乎每天都會給孩子提出這樣、那樣的問題。比如：早上送孩子上學時、下午接孩子放學時、在家吃完飯的時候等等。父母要利用好這段與子女共處的時間，多創造良好的機會對孩子進行「提問」，因爲，多「問」，也有助於孩子的成長。

6 千萬不能嘲諷孩子

在孩子身上，父母最希望看到的是成長與進步。從父母那裡，孩子最希望得到的是讚賞和鼓勵。不明智的父母對孩子一句公開的嘲笑或諷刺，就可能使孩子失去自信。因爲，沒有什麼比父母的嘲笑或諷刺更能打擊孩子的自尊。

每個孩子都有他的優點，也有其弱點。當弱點顯現，導致他在某件事上失敗時，有些父母就會對孩子採取嘲笑和輕蔑的態度去數落他、貶抑他。父母的用意可能是想刺激孩子的奮發心，使他再次振作起來，可是這樣做不但無法產生正能量，反而會導致不良的結果。

孩子連連挫敗，他自己已感到非常失望，希望得到安慰，此時，父母不但不加以鼓勵，反而一再數落他、譏笑他、貶抑他、小看他，這樣只會使孩子更加失去信心、繼續失敗，一直到完全陷入絕望的境地中。

一些遭受父母嘲諷的孩子，長大後會變得畏首畏尾、膽怯、沒有自信。另一個極端就是當孩子挫敗時，卻受到父母的嘲諷，便會對父母產生怨恨而耿耿於懷，由於害怕，故只能將對父母的輕視懷恨隱藏在心底，等到他長大後，往往會找機會加以報復。

習慣以諷刺的態度批評孩子的父母，是不可能獲得孩子對他們的真心尊敬的。父母想激勵孩子，可以用稱讚、鼓勵、循循善誘的教育方法。千萬不要說孩子的壞話，挖苦孩子的缺點，數落孩子的過失，更不要爲孩子貼上標籤。因爲一旦貼上了，周圍的人都認爲他是一個無可救藥的孩子，包括孩子自己在內。

西方教育專家不贊成責備孩子，更不主張把責備作爲一種教育孩子的手段或方法。而在亞洲國家，許多父母對孩子總是責備多於賞識與鼓勵。

有許多父母爲糾正孩子的缺點，總是先情緒激昂沒完沒了地責備孩子。有的父母講，最初他們是對孩子「因不責備就不改」而責備，後來因孩子「即使責備也不改」而苦惱，最後又因孩子「不可救藥」而放棄不管了。一味地責備，不用說孩子，就連大人也會失去信心的。這樣下去，只能培養出因設法保護自己而產生反抗心理的孩子。

對孩子而言，無論是缺點還是優點，如同我們現在再也不能改變我們的過去一樣，是既成事實的東西，無論如何是不能否認的。我們所能做的只有反省過去，從中吸取經驗教訓，以便重新沿著正確的方向努力。

諷刺，會傷害孩子的自尊；譏嘲，會打擊孩子的信心。作爲合格的父母，給予孩子的應該是讚賞，因爲只有讚賞才能讓孩子樹立人生的自信；作爲成功的家長，給予孩子的應該是鼓勵，因爲只有鼓勵才會讓孩子釋放生命的潛能。

7 不要對孩子說要求過高的話

教育孩子是父母的天職，對孩子提出適當的要求有利於孩子的成長。然而父母過高的要求、過多的期待，甚至過嚴的苛求，卻會對孩子的身心健康造成傷害。因此，父母應當用平常心看待孩子的成長，不要對孩子說要求過高的話。

俗話說：「人比人，氣死人。」家長自己都明白，鑒於各種因素影響，人與人之間是不可互比的。但有的家長自己不和別人比，卻常拿孩子去比。而這種對比，對孩子的成長是極其不利的。如果孩子沒有受到足夠表揚，卻老是被和別的同齡人相比，他便會感到受了「冷落」，很長時間都會鬱悶，會避開父母，甚至對家長產生對立情緒。

當孩子失敗、失意的時候，父母不應拿別人和他做比較，這只會引起孩子的逆反，進而導致他的自卑，傷害了孩子脆弱的自尊，對孩子一點幫助都沒有。孩子在這個時候需要的是家長的體諒和安慰。一個微笑或是拍拍他的肩膀，都會讓他重新振作起來。讓孩子在挫折中堅強地站起來是我們每一位做家長的責任。

在高期望值的支配下，父母評判子女好壞的標準嚴重失衡，孩子教育成敗多是以成績好壞來衡量。「小孩成績好，一『好』遮百醜。」孩子功課落後，這樣的消息比股市暴跌還要讓他們難過。於是，父母對孩子的要求便集中到一點——考試成績。只要考試成績好了，什麼都好說；如果考試成績不好，怎麼都不行。

在這種心態驅使下，家長們對學習好的孩子，極盡嬌寵。成績沒有達到家長要求的孩子，「你真蠢」、「沒見過你這麼傻的」此類咒罵劈頭蓋臉，整天不絕於耳，整個家庭被愁雲悲霧籠罩著，失去了往日的歡笑和溫馨。

孩子對自己的認識和評價大多是依據他人對自己的評價而得來的。也就是說，在孩子尚未形成對自己的穩定的評價時。外界的批評或表揚，在很大程度上影響著孩子的情緒和行爲。然而，許多父母卻不願把表揚、讚賞帶給孩子。他們以爲，只有「嚴厲」才會對孩子起作用。甚至把「嚴格」理解爲態度生硬甚至對孩子進行責罵、訓斥，把嚴格與鼓勵、讚賞截然對立起來。他們沒有認識到表揚、讚賞的獨特魅力。

不要對孩子說要求過高的話，因爲那樣只會增加孩子的壓力；不要對孩子說要求過高的話，因爲那樣只能損害孩子的身心。以平常的心態對待孩子，就不會對孩子提出苛刻的要求；以客觀的眼光看待孩子，就不會對孩子制定過高的目標。每個父母都應該明白：要求適當，才會有利於孩子身心健康；目標合理，才能夠促進孩子成長成才。

8 好孩子是「誇」出來的

對孩子的行爲進行適度的讚美和讚賞，能讓孩子保持一種好的心境和狀態。未成年的孩子對自己的看法完全取決於周圍人的評價，特別是父母的評價，哪怕是一句話，或者是一個眼神，都會對孩子產生終生的影響。

你對孩子的評價是負面的，那麼孩子就會朝負面去發展。作爲父母，多多讚賞你的孩子，他就會按照你心目中的形象和標準來要求自己。多向孩子豎大拇指，多向孩子灌輸他是好孩子、他是最棒的，那麼他必然就按照你對他的這個評價來規範自己的言行。所以，多對孩子說一些鼓勵讚賞的話吧！

在孩子的成長過程中，最重要的是培養他們的自信心。有了自信，就可以促使孩子克服困難，努力進取，獲得積極快樂的人生。父母最大的錯誤，莫過於打擊孩子的自信心，千萬不要說「笨蛋」「我看你沒救了」「把你的嘴閉上」之類的打擊孩子的話。

不管是誰，不管多大年紀，都會希望聽到別人的讚賞。即使是成年人，也喜歡得到別人的讚賞，何況是尚未成年的孩子？所以，當孩子正確地回答你的問題，或者提出了一個好的創意時，你都要用愉悅肯定的語氣給予他真誠的讚賞。

很多家長都喜歡拿自己的孩子和別人的孩子進行比較，而且，還經常會在別人的面前數落自己的孩子。「你看看人家，成績多好。」「你怎麼就總趕不上。」「你成績要是有他一半就好了。」

對孩子來說，是非常希望得到父母的讚賞的，作爲父母，就不要吝嗇自己對孩子的讚賞，尤其是對年齡小的孩子。很多父母經常會用成人的眼光去看待孩子的行爲，認爲沒有幾件事是值得讚賞的。其實，對於孩子來說，將一些「簡單」的事情做好，已經是很不容易了。

良好的習慣和驚天動地的成績就是由這些「簡單」的行爲累積成的！因此，只要有助於培養孩子良好的習慣，有助於增強孩子的自信心，父母就要慷慨地給予讚賞。孩子的年齡愈小，給予的讚賞就要愈多。

在面對孩子的時候，千萬不要吝嗇我們的表揚，只有讓孩子學得更開心，更有自信，他們的學習才會事半功倍！

一開口就讓人驚艷——關鍵句，一句就夠了！

作者：韋甜甜
發行人：陳曉林
出版所：風雲時代出版股份有限公司
地址：10576台北市民生東路五段178號7樓之3
電話：(02) 2756-0949
傳真：(02) 2765-3799
執行主編：朱墨菲
美術設計：吳宗潔
行銷企劃：邱琮傑、張慧卿、林安莉
業務總監：張瑋鳳

初版日期：2017年12月
版權授權：馬鐵
ISBN ：978-986-352-336-9

風雲書網：http://www.eastbooks.com.tw
官方部落格：http://eastbooks.pixnet.net/blog
Facebook：http://www.facebook.com/h7560949
E-mail：h7560949@ms15.hinet.net
劃撥帳號：12043291
戶名：風雲時代出版股份有限公司

風雲發行所：33373桃園市龜山區公西村2鄰復興街304巷96號
電話：(03) 318-1378
傳真：(03) 318-1378
法律顧問：永然法律事務所 李永然律師
北辰著作權事務所 蕭雄淋律師

行政院新聞局局版台業字第3595號 營利事業統一編號22759935

定價 ：280元

國家圖書館出版品預行編目資料

一開口就讓人驚艷——關鍵句，一句就夠了！
/ 韋甜甜 著. -- 初版. -- 臺北市：風雲時代，
2017.10- 冊；公分
ISBN 978-986-352-336-9（平裝）
1.說話藝術 2.生活指導
192.32 106017011